AF473375

LES FRANCISCAINS

ET

L'EXÉCUTION DES DÉCRETS DU 29 MARS 1880

F. AUREAU. — IMPRIMERIE DE LAGNY.

LES

FRANCISCAINS

ET

L'EXÉCUTION DES DÉCRETS

DU 29 MARS 1880

Ludit amor tuus, Domine, inter gaudium et dolores.

DEUXIÈME ÉDITION AUGMENTÉE

PARIS

LIBRAIRIE SAINT-JOSEPH

TOLRA, LIBRAIRE-ÉDITEUR

112, RUE DE RENNES, 112

1881

LES FRANCISCAINS

ET

L'EXÉCUTION DES DÉCRETS DU 29 MARS 1880

AVANT-PROPOS

LA PERSÉCUTION

Nous écrivons une page bien douloureuse de notre histoire. Il ne s'agit pas seulement de moines chassés de chez eux et qui n'ont d'autre asile que celui de la charité, d'autres ressources que leur confiance en Dieu et la générosité de leurs amis.

La question est plus élevée : une grande leçon ressort des événements.

I

Nous avons vu l'autorité abdiquer.

Ce n'est plus elle qui gouverne, qui mène la foule ; c'est la foule irréfléchie qui impose ses volontés.

La foule est elle-même égarée par les quelques coryphées de l'impiété : On élabore dans les loges maçonniques un mot d'ordre que l'on transmet à quelques individus. Les mauvais journaux travaillent l'opinion et l'opinion factice s'impose.

C'est ainsi que la France est gouvernée.

Toutes les notions du droit et de la justice sont renversées. La hache, en violant le domicile d'honnêtes citoyens, ne brise pas seulement la porte de la maison, elle indique à tous que derrière la porte, il n'y a plus de droit qui la protège.

Les voyous que l'on a employés se sont dits, leurs semblables se diront : « Une hache peut enfoncer toutes les portes ; pourquoi celle du riche resterait-elle debout, tant que nous avons faim ? » Allez leur dire maintenant que c'est une injustice ; allez les traîner devant les tribunaux ! Une injustice ! répondront-ils ; mais c'est vous qui nous avez donné cette leçon. Vous nous avez payés bien cher pour forcer des serrures et nous instruire de nos droits.

Les tribunaux ! mais vous les faites taire quand et comme vous voulez ; nous pourrons vous imiter.

C'est la France malheureusement, par le pouvoir qu'elle a, dit-on, librement choisi, qui a donné cette triste leçon.

Une autre est plus épouvantable encore.

Ceux qui enseignaient la vertu, ceux que l'on estimait jusque-là, que l'on respectait, on les a traités comme des criminels. Les récompenses, les applaudissements ont été prodigués à bon nombre de ceux que l'on signalait comme le rebut de la populace. Il est notoire que les ouvriers estimés n'ont pas voulu servir dans ce qu'ils ont appelé une « sale besogne ».

Voilà ce que nos enfants ont appris. « La vertu n'est qu'un vain mot. Laissons dire les curés; suivons nos penchants. Lâchons la bride à nos passions. Quand nous serons grands, nous ferons d'autres lois qui ne puniront plus le vice, et nous n'aurons plus rien à craindre. » Quelle belle société on nous prépare par de tels enseignements !

Dieu a été chassé de ses demeures. C'est qu'on veut le chasser de la société. *Nolumus hunc regnare super nos.* Je ne vois pas d'autre moyen d'expliquer de tels faits, qu'en les attribuant aux suggestions de l'enfer, inspirateur des clubs maçonniques. Non, l'homme n'est pas assez méchant pour méditer de telles ruines.

Qu'on ne s'y trompe donc pas; ce n'est pas le *cléricalisme*, c'est le catholicisme qui est l'ennemi. Aujourd'hui on invente un prétexte contre les religieux. Demain on saura facilement le trouver contre l'Eglise. Que dis-je? La guerre contre l'Eglise n'est-elle pas commencée sur beaucoup de points ?

Oh ! comme je suis épouvanté de cette responsabilité qu'assume la France! Croyez-vous qu'on puisse impunément prétendre chasser Dieu ?

Non, certes, il n'a pas abdiqué. O pauvre France, ô mon pays, que j'aime de toutes les forces de mon âme, il n'y a en moi qu'une douleur qui dépasse celle que je ressens à la pensée de la responsabilité que tu assumes, des fléaux qui peut-être vont te frapper; cette douleur, c'est l'insulte que tu fais à mon Dieu en le bannissant de ton sein.

II

Mais pourquoi donc les Religieux, qui prêchent tant l'obéissance, ne se sont-ils pas soumis au Gouvernement en se faisant approuver? C'est bien leur faute, s'ils ont été dispersés.

Cette objection vous l'avez mille fois entendue de la part de personnes qui ne sont point du tout mal intentionnées, n'est-ce pas? Elle plane peut-être comme un doute nuageux dans votre esprit.

Essayons de l'éclaircir.

L'approbation des Ordres religieux appartient à l'Eglise, à l'Eglise seule. Le domaine de l'Eglise et celui de l'Etat sont pleinement séparés. Si l'Eglise demandait à l'Etat de sanctionner, d'approuver ses lois sur les impôts, sur l'ordre militaire, l'Etat refuserait. Il aurait raison. L'Eglise aussi, dans son domaine, peut faire des lois auxquelles l'Etat n'a rien à voir. C'est pour affirmer ce domaine séparé que les Souverains Pontifes ont lutté si longtemps contre les Césars chrétiens.

Quand la concorde existe entre ces deux pouvoirs, l'Eglise et l'Etat, tout va bien : ils se soutiennent, se prêtent un mutuel concours ; l'Etat sanctionne et fait siennes les lois de l'Eglise qui sont toujours justice et équité. C'est là la perfection.

Mais lorsque l'Etat exige comme *son droit* de discuter ce qui est du domaine de l'Eglise, de le sanctionner, de l'approuver ou de le rejeter, il empiète. L'Eglise ne peut tolérer cette usurpation ; elle proteste.

C'est pour maintenir le droit de l'Eglise que les Religieux n'avaient pas à demander l'autorisation exigée comme un droit par le pouvoir civil.

Les Décrets eux-mêmes ne nous obligeaient pas à demander l'autorisation.

Je le prouve :

Ils ne font que rappeler les lois existantes ; rien de plus, ils ne portent pas une loi nouvelle. Or, aucune loi existant actuellement en France, ne nous oblige à nous faire autoriser par l'Etat ; *aucune*, absolument aucune ne nous défend la vie commune. La magistrature l'a prouvé : les déclarations d'un grand nombre d'avocats les plus compétents, en 1845 et en 1880 ; les démissions de la magistrature debout, de républicains, chargés par le Gouvernement de le représenter devant les tribunaux, et qui brisent ainsi un brillant avenir; les jugements d'une immense majorité de tribunaux, se déclarant compétents dans la matière, montrent, ce que la raison seule suffit à prouver : il n'y a plus de loi actuellement existante contre les Religieux. Aussi on accuse la magistrature de révolte contre l'Etat. C'est dire qu'il n'y a plus pour nous de tribunaux et que nous sommes régis par l'arbitraire.

Le pouvoir lui-même s'est infligé les plus éclatantes contradictions :

1° La loi n'est pas assez solide pour nous frapper ; il faut l'étayer par des décrets ;

2° Nous sommes des criminels exceptionnels, exceptionnellement dangereux, si dangereux que le Gouvernement s'est cru obligé de nous dénoncer solennellement au pays. Quels criminels ont jamais eu une si haute et si publique accusation ?

Et ces criminels publics, on les laisse sept mois continuer leurs crimes et délits ; et les Ministres qui les ont décrétés d'accusation ne peuvent s'entendre pour les frapper : le chef du cabinet, un protestant, se voit forcé de s'expulser du Ministère, avant que les malfaiteurs le soient de leurs couvents ; et ces criminels quand on les a chassés de leurs demeures, on n'ose les mettre en prison de peur d'avoir à les juger !

Tous les criminels ordinaires, qui détestent la police et s'applaudissent entre eux, couvrent d'injures les expulsés, applaudissent la police. C'était la première fois qu'elle avait leur approbation. Mais les honnêtes gens, même les tièdes et les indifférents, acclament les Religieux et protestent contre la police. Pour la première fois ce sont les criminels qui traînent la police devant les tribunaux, et le Ministère qui a été l'accusateur ne se croit à l'abri de la justice que s'il est lui-même juge, comme il est déjà partie. Quels scélérats a-t-on jamais vu traiter de la sorte?

Disons, disons bien haut cette parole de nos Livres saints : *Mentita est iniquitas sibi.* L'iniquité s'est trompée elle-même et infligée les plus ridicules et humiliantes contradictions.

Le pouvoir prouve ainsi qu'il n'existe pas de loi nous obligeant à demander l'autorisation.

Nous ne pouvions en conscience adhérer aux Décrets, qui sont, de plus, illusoires. Nous avons fait le vœu d'obéissance depuis longtemps. Nous savons pourquoi nous l'avons fait : pour le bien, rien que pour le bien. Notre supérieur est à Rome sous l'égide du souverain Pontife, ce qui nous est encore une garantie qu'on n'exigera de nous que le bien. Aucune autorité humaine ne peut nous dégager de ce serment sacré. Or, les Décrets disent qu'on n'approuvera pas les Congrégations qui obéissent à un supérieur étranger. Leurs auteurs ne voulaient donc pas nous approuver ; car ils font de Rome une ville étrangère, Rome, cette patrie de tous les catholiques.

A quoi bon dès lors demander l'autorisation?

Cette autorisation, d'après les Décrets, doit être donnée aux Religieux par une loi ; c'est-à-dire, qu'il faudra livrer nos statuts aux discussions des juifs, des protestants, des libres-penseurs à la Chambre et au Sénat. Est-ce que vous le voudriez ? Est-ce que vous croyez que la Chambre actuelle serait disposée à nous autoriser ? On n'essaye pas ce que l'on sait devoir être inutile (1).

Nous avons encore d'autres raisons que je n'ai pas besoin de dire ici. Celles-ci sont plus que suffisantes pour notre défense (2).

III

Mais pourquoi Dieu a-t-il permis cette formidable tempête ? Je répondrai par le mot d'un grand serviteur de Dieu : *Ludit amor tuus inter gaudium et dolores*, ô Dieu, votre amour se plaît à nous donner tour à tour la joie et les douleurs, et vous nous sanctifiez par l'une et par l'autre. C'est la Croix qui a sauvé le monde, c'est l'association à la Croix et aux douleurs de Jésus-Christ qui parachève le salut.

Aujourd'hui que le mal redouble, Jésus-Christ s'associe un plus grand nombre de victimes. Où pouvait-il mieux choisir que parmi tant de saints Religieux ? Oh ! oui, mon Jésus, nous voulons la croix avec vous. Sanctifiez nos souffrances pour la consolation de votre divin Cœur, pour le salut de notre chère patrie.

Nous avons pensé que le récit des expulsions de nos Religieux intéresserait nos Tertiaires et tous nos amis.

Nous suivons l'ordre chronologique dans ce récit.

Un mot seulement sur les sources où nous avons puisé pour notre narration : Nous avons consulté nos propres souvenirs, les lettres de nos Religieux ; nous avons interrogé nos témoins, et nous avons aussi pris dans les journaux ce que nous avons vu de plus exact. Nous espérons avoir ainsi donné un récit, aussi sincère que possible, sur les graves événements qui se sont passés au siècle de la liberté et des lumières.

UN EXPULSÉ.

(1) Un conseil municipal « considérant que les vœux de célibat, de pauvreté et de claustration sont contraires à la dignité humaine et à la nature, manifestement contraires aux fins de la société et de l'humanité » refuse l'avis favorable qui lui est demandé par le Gouvernement au sujet d'une communauté de femmes qu'on avait poussée à solliciter l'autorisation.

(2) M. Chesnelong disait éloquemment au Sénat le 23 décembre dernier : « Persécuteurs des congrégations religieuses, non, vous n'êtes pas le *droit* ; vous étiez hier la violence, et demain, si vous alliez jusqu'au bout de vos desseins, vous seriez la confiscation. »

Ire PARTIE. — Les Franciscains de l'Observance.

PROVINCE DE SAINT-LOUIS

BÉZIERS

Troubles du 29 *et* 30 *Juin et du* 1er *Juillet* 1880

A l'occasion des Décrets du 29 mars, Béziers devait justifier sa triste réputation et se distinguer entre toutes les villes révolutionnaires du Midi.

Dès le 29 juin au soir des manifestations radicales, peu sérieuses d'abord, mais plus graves ensuite, ont éclaté devant le couvent, à la sortie des exercices du mois du Sacré-Cœur, auxquels était venue assister une foule sympathique et nombreuse. Cette même foule revint le lendemain aussi empressée, aussi recueillie, assister à la messe, célébrée dans l'église du couvent, par M. le vicaire général Caucanas, que Mgr l'Evêque de Montpellier avait délégué pour protester contre l'exécution des Décrets. On se sentait à la veille de grandes tristesses : aussi priait-on avec ferveur : tout ce que Béziers compte de fervents catholiques était là. Rien de plus saisissant que ce cantique chanté par la multitude des fidèles, à laquelle répondaient au dehors les ricanements sataniques des manifestants :

« Pitié, mon Dieu ! c'est pour notre patrie
« Que nous prions au pied de cet autel !... »

C'était un magnifique élan de foi, et en même temps un suprême cri de détresse...

Des délégués des cercles républicains étaient allés trouver M. André, sous préfet de l'arrondissement, afin de lui exposer que la non-application des décrets au couvent des Franciscains de la ville causait un grand mécontentement dans la population et que tout retard pouvait avoir des conséquences regrettables.

M. André a répondu qu'il ne pouvait agir sans l'ordre de l'administration supérieure et il a engagé les délégués à avoir confiance dans la fermeté du gouvernement.

Vers les 9 heures, les abords du couvent étaient littéralement envahis par une foule débraillée, qui stationna jusqu'à midi sur les degrés du Calvaire et sur le terrain de l'église, que, devant une imminente profanation, on avait dû fermer.

Au milieu de cette tourbe de forcenés on voyait une centaine d'ouvriers, au regard menaçant, la poitrine découverte, les manches retroussées, tels enfin qu'on les aperçoit aux barricades de la Capitale. C'est au chant de *la Marseillaise* et en proférant des cris de mort qu'ils accueillaient les prêtres, les officiers et tous ceux qui traversaient vaillamment leurs rangs tumultueux pour arriver jusqu'aux Pères, et les consoler par l'expression de leurs sympathies.

Le soir, vers 6 heures, les délégués revinrent en plus grand nombre ; parmi eux se trouvait M. Savoye, adjoint au maire. Ils firent de nouvelles instances auprès du sous-préfet lui représentant que le mécontentement d'une partie de la population tendait à augmenter et menaçait de se traduire par des actes.

A sept heures et demie, un attroupement très nombreux se forma autour du couvent, on hurla la *Marseillaise*, on brisa des carreaux et, sans l'intervention des gendarmes, cette foule, au nombre de 2,000 environ, en fût venue à des voies de fait.

Enfin le jeudi, 1er juillet, on annonce qu'une manifestation autrement sérieuse se prépare pour le soir. En voici le récit fait par un témoin et publié dans le journal *l'Univers* du 9 juillet :

« Dans l'après-midi du jeudi, la foule était nerveuse et agitée, on sentait, dans la fièvre de désordre qui l'animait, la main d'un comité de salut public ; nous allions bientôt avoir la preuve que nous avions bien jugé. Les nouvelles nous arrivaient dans l'intérieur du couvent rapides et fâcheuses. L'orage s'amassait au dehors, le moindre incident pouvait le faire éclater. Hélas ! les incidents ne manquèrent point. D'abord, nous vîmes des employés de l'administration municipale courir de groupe en groupe, excitant de la parole et du geste le peuple à la révolte ; ensuite, un avocat du barreau de notre ville, naguère catholique pratiquant, leur succéda et convoqua la multitude à une imposante manifestation, qui devait avoir lieu le soir même, devant la sous-préfecture d'abord, devant le monastère ensuite. Un peu plus tard, on nous communiqua une dépêche du *Patriote de Toulouse*, annonçant la manifestation du soir, et enfin, vers les quatre heures, nous apprîmes que des placards rouges étaient affichés dans les cafés et sur les murs de notre ville, conviant le peuple à se rendre devant la sous-préfecture, pour demander au sous-préfet la prompte exécution des décrets du 29 mars. La foule, pendant ce temps, était devenue houleuse et impatiente, la situation devenait de plus en plus intolérable ; il fallait prendre une suprême détermination. Nos amis, fatigués des longues veilles qu'on leur imposait depuis trois jours, s'étaient retirés pour prendre un peu de repos, ignorant, du reste, la gravité de notre position. Nous étions une vingtaine d'étrangers à la maison à ce moment-là, ce qui faisait avec les Pères et les frères quarante. Toutes les œuvres et le clergé étaient représentés. A cet instant, quatre heures et demie environ de l'après-midi, on nous appelle tous pour revevoir une communication importante dans la sacristie du couvent, où les pères étaient réunis en conseil. Le Père Gardien, ayant à sa droite M. Bertrand, correspondant du *Messager du Midi*, prend la parole en ces termes :

« Messieurs,

« En présence des événements graves qui se préparent, j'ai « dû réunir les pères de ma communauté pour prendre avec « eux une dernière résolution. Je les ai tous questionnés séparément sur ce qu'ils entendaient faire, et tous ont répondu « qu'ils voulaient rester dans le couvent pour y mourir en « prêtres et en Religieux, fidèles au dépôt que Dieu leur avait « confié. Maintenant, messieurs, vous avez voulu jusqu'ici « partager nos angoisses et nos douleurs ; votre mission est « finie, nous n'entendons pas que votre dévouement aille plus « loin. Allez dans votre famille, allez à vos devoirs et, encore « une fois, merci de tout ce que vous avez fait pour nous. Adieu « donc et, s'il plaît à Dieu, au revoir. »

M. Bertrand, dont le parfait sang-froid et le dévouement sont au-dessus de tout éloge, répondit au nom de tous :

« Si votre résolution était inébranlable, nous vous demanderions comme le plus beau privilège qui puisse nous être accordé, la grâce de mourir avec vous. Mais vous me permettrez de combattre cette détermination en peu de mots, parce que le temps est précieux. Devant tous, vous aurez le mérite du sacrifice que vous venez d'accomplir, vous l'aurez surtout devant Dieu. Mais en présence d'un peuple soulevé par la haine de quelques-uns, votre devoir n'est pas d'aller jusqu'à un pareil sacrifice. Du reste, vous ne voulez pas nous immoler, et vous nous immolerez si vous restez ici parce que tous nous entendons marcher avec vous. N'attendez aucune protection de l'autorité, elle a été irrésolue ces derniers jours ; vous promettrait-elle de mieux faire, vous ne devez point compter sur elle. Le mieux est donc de sortir déguisés ; quittez le couvent ce soir, vous y reviendrez demain, et vous nous aurez sauvé la vie. »

« Ce qui succéda est intraduisible : l'émotion, nous avait tous gagnés, et nous pleurions comme des enfants. Deux pères demandaient à rester, et tous voulaient être les deux qui seraient désignés ; puis, au mépris de ce qui avait été convenu et accepté, aucun ne voulait se déguiser, chacun s'exagérait l'étendue de son devoir et ne demandait qu'une chose, la grâce de mourir martyr. Jamais pareille scène ne s'effacera de ma mémoire.

« Enfin tout fut conclu, et il fallut bien consentir à laisser deux pères dans la maison. Ils promirent cependant de quitter le couvent au dernier moment, pendant que nous-mêmes, nous les attendrions dans les vignes qui bordent le monastère à l'extérieur. »

C'est ce qu'ils durent faire grâce aux instances et avec l'aide de M. Bernadou, entrepreneur, dont le dévouement en cette circonstance a été admirable. Un cordon était formé autour du couvent pour rendre la fuite impossible. Bientôt une foule, d'environ 5,000 personnes, entoure le couvent et se masse sur le Champ de Mars. Les piques et la croix, formant le couronnement du portail en bois, sont brisées, la fermeture en fer tordue par une forte pression. La serrure de la grande porte d'entrée est forcée. Mais c'est à ce moment que la force armée intervient et empêche le couvent d'être envahi.

Pendant que cette foule se pressait ainsi, on raconte qu'un malheureux jeune homme arborait le drapeau tricolore sur la croix du calvaire, à l'entrée du monastère, et que pour donner à cette opération un caractère plus sacrilège il souffletait le Christ, pendant que sa propre mère l'excitait en lui criant : « Frappe toujours ; il ne pleure pas encore. »

Le sous-préfet qui s'était transporté sur les lieux, accompagné du colonel du 17e de ligne, harangue la foule en lui expliquant l'intention du Gouvernement qui ne retarde l'application des Décrets que pour mieux l'assurer ; mais la foule persiste à réclamer l'expulsion des Religieux. Alors gendarmerie, gardes champêtres, commissaires, soldats à pied et à cheval arrivent ; mais ce n'est que vers minuit que se termine cette manifestation effrayante et brutale commencée dès huit heures du soir.

Le lendemain matin les Religieux sont rentrés au couvent. Mais un détachement de soldats a stationné plusieurs semaines autour du monastère et, à part les témoins et défenseurs, on ne laissait entrer personne que sur l'autorisation écrite du sous-préfet. Mgr l'évêque de Montpellier députa immédiatement aux bons Pères, M. l'abbé Rédier, chanoine-secrétaire, pour leur dire la part bien sincère qu'il prenait à leurs afflictions, et quelques jours après, Sa Grandeur elle-même, écrivant au R. P. Gardien, daignait lui exprimer dans les termes les plus flatteurs, les sentiments d'estime et de paternelle affection qu'elle éprouvait pour la famille franciscaine de Béziers.

Le samedi 16 octobre à Béziers

Après les manifestations hideuses que nous venons de résumer, les Franciscains de Béziers s'attendaient à être les premières victimes de la secte qui nous gouverne. Leurs prévisions n'ont pas été déçues. Il paraît d'ailleurs que M. Z. Constans est né à Béziers, où son père était, il y a une cinquantaine d'années, conservateur des hypothèques. Le *pompeux* Ministre, en galant homme, aura voulu donner un précieux témoignage de son bon souvenir au pays qui l'a vu naître, en lui offrant avec son coup d'essai les prémices de sa gloire : c'est ce qui explique comment de tant de couvents franciscains, qui se trouvaient en France, celui de Béziers ait été le *premier* et le *seul* exécuté en Octobre, quoique six semaines auparavant, il eût envoyé deux de ses Religieux dans la Custodie de Terre-Sainte, quoique à l'occasion de cette Terre-Sainte, où les Franciscains *seuls* maintiennent l'influence du nom Français, M. le Ministre des affaires étrangères et M. Z. Constans lui-même eussent fait à ces Religieux, *au mois d'août dernier*, les promesses les plus gracieuses et les plus rassurantes.

La communauté se composait d'une trentaine de Religieux, dont quelques-uns étaient absents au jour de l'expulsion. Certains avaient été envoyés en mission, d'autres, en leur qualité d'étrangers exposés à être bannis du territoire français, avaient été mis en sûreté chez des amis dévoués ; enfin, le R. P. Jules lui-même, premier Gardien de ce couvent, canoniquement érigé l'année précédente, se trouvait en pays étranger, et cherchait un refuge assuré aux futurs exilés. Ceux qui connaissent ce R. Père comprendront la douleur qu'il éprouva, quand il apprit au loin la dispersion subite de sa chère famille et la fermeture de cette église dont la construction lui avait imposé tant de labeurs.

C'est le samedi matin, 16 octobre, avant 6 heures, que les limiers de la police se rendirent devant le couvent des Franciscains. Ils étaient conduits par deux commissaires, dont l'un M. Ayraud, remplaçait le commissaire central.

A ce moment, la Communauté assistait à la messe conventuelle et les Frères venaient de recevoir la sainte communion, le Dieu qui, à leur insu, devait être le viatique de leur épreuve. Tout à coup, comme autrefois aux catacombes, l'éveil est donné, et des amis font évacuer en toute hâte la nef de l'église. La police est à la porte, attendant que le dernier fidèle soit sorti pour envahir le couvent et le lieu saint; mais le défilé est à peine terminé, que la porte se referme soudain sur les agents étonnés. Force leur est de se présenter ailleurs; mais on les attendait. Lorsque les commissaires, ceints de leur écharpe, parurent au guichet du parloir, le P. Othon, vicaire, Supérieur du couvent dans l'absence du R. P. Gardien, que les intérêts majeurs de son Ordre retenaient ailleurs depuis plusieurs jours, les interpella en leur demandant ce qu'ils voulaient. « Nous venons, a répondu M. Ayraud, vous notifier le décret de dispersion qui atteint votre communauté. »

— « Je proteste contre ce décret, a répondu le Religieux, nous sommes chez nous, monsieur, et nous entendons y rester. Je vous défends formellement d'entrer et, sachez-le bien, si vous enfoncez les portes, vous encourez, par ce fait même, les anathèmes de l'Église. » Cela dit, le guichet a été fermé.

Aussitôt le sieur Sapte (Antonin), serrurier, demeurant boulevard du Nord, se mit en devoir de forcer la porte de clôture; mais comme l'opération offrait beaucoup de difficulté et que l'impatience des envahisseurs la trouvait trop longue, on requit deux autres serruriers, les sieurs Sol Siméon, rue des Beaux-Frères, et Chabal, son ouvrier. Pendant ce temps, les agents de la police avisèrent la petite porte de la menuiserie du couvent, où les rossignols recommencèrent à fonctionner avec plus de succès.

La porte de la menuiserie forcée, les agresseurs se trouvèrent à moitié enfouis dans un tas de copeaux, tandis que les crocheteurs patentés Sapte et Sol attaquaient la porte opposée, communiquant avec l'intérieur du couvent. MM. les commissaires et leur escouade d'agents ont alors débouché au fond d'un trou où se réunissent les eaux de pluie, et c'est par là qu'ils font dans le couvent une entrée peu triomphale.

Le R. P. Pierre-Baptiste, Définiteur de la Province, propriédu couvent, et le père Othon se tenaient à l'entrée du cloître, entourés de leurs témoins. Parmi ceux-ci on remarquait MM. Portes, ancien supérieur et fondateur de l'École de la Trinité; Bouys, professeur de philosophie au même collège;

Fouissac, Guyot, Prosper Olimpe, Sant, Bernadou et plusieurs autres. Les Pères auraient été entourés d'un bien plus grand nombre d'amis, si l'exécution des Décrets n'avait pas été tenue secrète : d'ailleurs, on croyait généralement qu'elle n'aurait lieu qu'en Novembre ; bien plus, un quart d'heure avant l'arrivée des crocheteurs, on assurait très confidentiellement au P. Vicaire qu'elle était sûrement fixée pour le surlendemain, 18 Octobre. On croit que ce bruit avait été habilement répandu par le sous-préfet André, qui se glorifie, dit-on, d'avoir voulu surprendre le couvent.

Le R. P. Pierre-Baptiste, s'adressant aux envahisseurs : « Messieurs, a-t-il dit, je suis propriétaire du couvent, voilà mes titres, et comme tel je proteste contre la violation du domicile privé dont vous vous rendez coupables en ce moment. Je me réserve tous droits de procéder et d'agir juridiquement contre vous. » — « Et moi, a ajouté le P. Othon, je proteste comme mandataire des divers propriétaires absents, et je me réserve également de revendiquer par tous les moyens juridiques mes droits lésés par vous. »

Pour toute réponse, M. Ayraud lut aux Pères l'arrêté préfectoral ordonnant la dispersion immédiate de *l'association non autorisée dite des Franciscains*, sise en la ville de Béziers. La copie de cet arrêté fut remise au P. Vicaire, et le commissaire dressa procès-verbal de la protestation des deux Pères ; après quoi, il dit au P. Othon : « Et maintenant, Monsieur le Supérieur, je vous prie, et au besoin vous requiers, au nom de la loi, de me faire descendre vos Religieux. » — « Ah ! pardon, monsieur le commissaire, votre mission est trop odieuse pour que je vous aide à la remplir. Cherchez vous-même les cellules. Les Religieux ne descendront pas. Sachez-le bien, Monsieur, nous ne reconnaissons qu'à nos Supérieurs le droit de nous ouvrir les portes de la clôture. »

— Mais, alors, reprit le commissaire, vous allez m'obliger à user de violence ! Veuillez, je vous prie, m'en dispenser.

— Non, Monsieur, nous l'attendrons.

Sur ces entrefaites, la gendarmerie à pied et à cheval, sous les ordres du capitaine Flacon, et un bataillon du 17e, viennent prendre position près du couvent. Le colonel Valessie était présent. Ah ! l'on plaignait ces braves et loyaux militaires, contraints à prêter main-forte à cette brutale violation de la propriété et de la liberté individuelle !

Au moment où les troupes éloignaient indistinctement amis

et ennemis des proscrits et empêchaient le renouvellement des scènes sauvages du 29 juin, M. Joseph Olimpe, huissier du couvent, se présente et décline ses titres. On en prévient M. Ayraud, qui répond sèchement : « Ne le laissez pas entrer; tant pis pour lui s'il n'est pas arrivé plus tôt... » M. Olimpe prend aussitôt à témoin le colonel Valessie et le capitaine Flacon de la mesure illégale dont il est l'objet.

— « Vous êtes charmant, monsieur le commissaire, dit alors le P. Othon ; vous vous plaignez de ce que je vous oblige à crocheter des serrures et vous nous refusez le droit incontestable et légal d'avoir notre huissier avec nous ! Si vous agissez avec tant de sans-façon, ne trouvez pas mauvaise ma conduite à votre égard. »

Pendant cette conversation, on arrive au fond du cloître, dans la partie du couvent affectée au séminaire de philosophie où se tenaient treize Religieux âgés de moins de vingt ans. On avait voulu les soustraire à la honte du crochetage en les faisant sortir avant l'invasion, mais tous avaient réclamé instamment l'honneur et la consolation de confesser le nom de Jésus-Christ, et on les avait laissés. Ils avaient barricadé une porte si solidement, que les serruriers étaient sur les dents. Cette porte cède enfin; mais, ô désespoir ! on entre dans un vestibule à l'extrémité duquel se trouve une autre porte tout aussi difficile à ouvrir. Cette fois la patience échappe à M. Ayraud : « Si cela continue, s'écrie-t-il, nous pouvons requérir tous les serruriers de la ville ! » Et cependant ce n'était que la cinquième serrure ; il en restait encore plus de quarante. Quel joli métier !

Aux sommations du commissaire chacun des jeunes Religieux répond : « Mon supérieur m'a défendu de sortir, j'attendrai la violence pour quitter ma cellule. » — Ils sont successivement saisis par le bras et conduits jusque devant la porte de l'église.

Le commissaire frappe ensuite à la cellule du P. Thomas :

— « Qui est là ? — Le commissaire de police. — Que voulez-vous ! — Au nom de la loi, ouvrez. — Je ne connais pas de loi qui m'oblige à ouvrir. Je prépare mon cours de philosophie, mon temps est précieux, passez votre chemin et laissez-moi travailler en paix. — Serruriers, ouvrez cette porte... » Et les rossignols de chanter jusqu'à ce que la porte s'ouvre.

— « Au nom de la loi, veuillez sortir. — Permettez, je suis ici par la volonté de mon Supérieur, je suis donc chez moi et j'y reste. — D'où êtes-vous ? Votre nom ? Votre âge ? »

Lorsque le P. Thomas eut répondu à toutes ces questions :

« Emmenez-moi cet homme, dit le commissaire. — Je ne m'attendais pas à sortir, reprit le Religieux, je demande à faire mon paquet. »

— « Soit! mais dépêchez-vous, il est temps que notre besogne finisse, elle est assez désagréable. — Je le comprends, mais ce que je ne comprends pas c'est que vous l'ayez acceptée. »

A cette cruelle réplique M. Ayraud n'a su que répondre.

Après le P. Thomas, que deux agents de police attendent pour le conduire de force jusqu'au perron du couvent, vient le tour du frère Vital; mais sa serrure se montre revêche et insensible à tous les rossignols, et pour enfoncer la porte il faut employer le marteau et le ciseau. Un Frère convers espagnol, en même temps qu'il est appréhendé au col, a reçu notification d'une sentence d'expulsion du territoire français.

Enfin, le commissaire se présente devant la cellule du P. Denys, fort heureusement, c'était la dernière :

— « Au nom de la loi, ouvrez ! — Dame ! riposta notre Religieux, comme vous y allez, qui êtes vous? — Le commissaire... La police. — Dame ! je ne crois pas être un voleur, ni un assassin..., et je n'ouvre pas; je crois être un citoyen honnête ;... je n'ouvre pas. — Serrurier, au nom de la loi, ouvrez. »

Et toujours le même manège.

Entré dans la cellule, le commissaire est accueilli par la gracieuse et avenante figure du P. Denys, qui lui dit: « Savez-vous, Monsieur, que vous employez vis-à-vis de moi un vilain procédé? Je vous affirme que je suis honnête homme, et conséquemment je proteste contre l'effraction de ma porte. — Comment vous appelez-vous ?... D'où êtes-vous? etc. — Je suis Breton, Monsieur — Bien, bien, votre nom?... Au nom de la loi, etc., au nom des décrets, enfin au nom de l'arrêté préfectoral notifié à votre supérieur, sortez de votre cellule. — Je suis fâché, monsieur, de ne pouvoir vous obéir ; mais je ne reconnais qu'à mon supérieur le droit de me faire sortir d'ici. — Agents, emmenez-moi Monsieur. »

Nous rapporterons ici un incident qui ne doit pas passer inaperçu. Averti par le commissaire que les scellés allaient être placés sur les portes de l'église, le P. Othon, vicaire du couvent, donne à M. l'abbé Portes la douloureuse mission de transporter le Saint-Sacrement de l'église dans une cellule. Ce vénérable ecclésiastique, dont le dévouement pour les fils de Saint François est connu de tous, avait reçu quelques années auparavant une mission bien autrement douce, celle de donner pour la première fois à la chapelle provisoire du couvent le Dieu de l'Eucharistie. Aussi, c'est avec des larmes et des sanglots qu'il transporta les saintes espèces sur la table d'une modeste cellule. Il était là, abîmé dans la douleur, quand le commissaire se présente escorté de ses agents, mais suivi du P. Vicaire. — « Chapeau bas ! » s'écrie celui-ci d'une voix vibrante..., et les agents de regarder le commissaire, et le commissaire, saisi par cette sommation, de dire à ses valets : « Vous pouvez vous découvrir, cela ne tire pas à conséquence !!! — Que fait là ce Monsieur ? » dit Ayraud au R. P. Vicaire : — « C'est un chrétien et c'est un prêtre, qui prie devant son Dieu, répond celui-ci. — Monsieur l'abbé, au nom de la loi, sortez d'ici ! — Comment, s'écria le digne prêtre, il ne me sera plus permis de prier devant mon Dieu chassé de son temple ! — Monsieur l'abbé, j'exécute mon mandat, puisque vous faites votre prière continuez-la, mais qu'elle ne dure pas jusqu'à ce soir. »

..... L'œuvre d'iniquité est consommée, et tous les Religieux, expulsés, réunis sur la terrasse de l'église, attendent une dernière bénédiction de leur Supérieur avant de prendre le chemin de l'exil.

Le P. Othon arrive bientôt avec le R. P. Pierre-Baptiste. Après s'être donné mutuellement le baiser fraternel, les Religieux s'agenouillèrent devant la porte de l'église, où on ne leur permettait plus d'alterner avec les anges du ciel les louanges de Dieu.

Là, les bras en croix, ils adressèrent au Seigneur, une dernière et fervente prière : elle était pour leurs persécuteurs.

Les PP. Pierre-Baptiste et Othon bénissent une dernière fois leurs frères, et ceux-ci se mettent en route escortés par la gendarmerie, comme des malfaiteurs, accompagnés de quelques amis et suivis d'une foule de gens suspects.

M. Ayraud avait précédemment désigné les PP. Pierre-Baptiste et Othon pour rester gardiens de l'immeuble, l'un comme propriétaire, l'autre comme mandataire des deux propriétaires absents. Au moment où ils se disposaient à rentrer au couvent, le commissaire leur dit : « Le propriétaire peut rester avec un domestique ; quant à vous, Monsieur le Supérieur, je vous ordonne de sortir. »

— « Comment, Monsieur, lui répliqua vivement celui-ci, c'est ainsi que vous me trompez ?... Eh ! bien, venez me prendre chez moi. » et il se réfugia promptement dans sa cellule, qu'il ferma solidement par-derrière.

Les commissaires, les agents de police et les crocheteurs se mirent à sa poursuite; mais notre P. Vicaire, encore jeune et leste, les avait suffisamment devancés pour avoir eu le temps de se barricader chez lui.

De son ton le plus solennel et le plus autoritaire, M. Ayraud interpella, somma, frappa, etc., etc.

— « Frappez, frappez, monsieur le commissaire; vous m'avez trompé, vous m'avez joué un tour, vous ne m'en jouerez pas deux... Si vous voulez vous emparer de moi, monsieur, brisez ma porte, alors vous m'aurez sûrement, mais pas avant... Vous êtes fort parce que vous avez le droit de la force ; mais, sachez-le bien, moi j'ai la force du droit. »

M. Ayraud ne se fait pas répéter la chose : pour cette fois, il congédie et crochets et rossignols, et, au nom de la loi, le cadre de la porte vole en éclats sous les coups de marteau. Inutile de dire qu'il fut vaillamment reçu par le P. Othon qui, en ce moment, ne contenant plus son indignation, lui parla sans périphrases.

Quelques instants après, il était, lui aussi, appréhendé au col et jeté dans la rue. En passant devant la porte de l'église, il aperçut l'autre commissaire, figure plate et insignifiante, apposant les scellés sur la porte. « Entendez-vous, Monsieur, lui dit-il, vous n'avez pas le droit de sceller les portes intérieures. Je proteste donc, dans le cas où vous passeriez outre. »

Malgré cela, quelques instants après, les hideuses bandes étaient collées sur la porte du chœur, sur celle du sanctuaire et sur celle de la crypte. Dans la soirée, des couronnes d'immortelles, des corbeilles de fleurs, des guirlandes furent appendues à la grille du couvent.

. . . .

Au milieu de ces navrantes douleurs, le chrétien se console sur l'espoir d'un meilleur avenir : plus que jamais il se redit à lui-même ces paroles de nos saints Livres :

« J'ai vu l'impie exalté sur la terre : je l'ai vu lever contre le ciel son front superbe comme les cèdres du Liban; je n'ai fait que passer, et déjà il n'était plus : j'ai cherché sa place et je n'ai pas su la retrouver. *Desiderium peccatorum peribit.* »

Les pères Franciscains ont adressé leur plainte à Messieurs le premier Président et le Procureur Général près la Cour d'appel de Montpellier.

M. Sigaudy s'est déclaré incompétent; les Pères ont fait opposition devant la chambre des mises en accusation.

Le tribunal de Béziers, au contraire, par ordonnance du 27 octobre, a repoussé les conclusions du Procureur de la République et le déclinatoire du Préfet de l'Hérault, et s'est déclaré compétent. Il sera plaidé au fond dans une audience prochaine. (*Un témoin*)

AMIENS, mercredi 3 novembre.

La matinée. — Vers six heures du matin, plusieurs personnes, demeurant boulevard Saint-Michel, voient passer deux serruriers avec une énorme boîte; on les suit; ces serruriers se dirigent vers la chaussée de Noyon où est situé le couvent des Franciscains.

Pendant toute la matinée, on a pu voir ces deux ouvriers administratifs circuler dans les rues qui avoisinent le couvent : rue de Castille, rue de Blamont, etc; ils faisaient des haltes dans les estaminets.

Un petit café situé en face du couvent est rempli de mouchards : depuis quinze jours, des agents en bourgeois ont établi là leur observatoire.

On constate la présence de M. Petit, maire intérimaire d'Amiens, dans les environs du couvent : semblable à un général, il examine le terrain de la bataille; contre des Moines qui n'ont d'autre arme que la prière, il est facile de vaincre !

A dix heures, les PP. Franciscains sont prévenus qu'ils seront exécutés vers midi. Par la source de laquelle émane le renseignement, il est impossible de douter, un seul instant, que l'heure de l'attentat ne soit enfin arrivée.

A une heure. — M. Bernard, commissaire de police, est chargé d'opérer l'expulsion :

Une dizaine d'agents, les uns en tenue de gardiens de la paix les autres en tenue civile l'accompagnent.

Il a sous ses ordres six gendarmes.

A une heure moins cinq minutes, M. Bernard, délégué de M. Spuller, sonne à la porte du couvent des PP. Franciscains.

Le visiteur était attendu ; aussi les témoins des Pères étaient-ils tous dans la cour d'entrée.

Citons M. Souëf, ancien procureur général, M. le comte de Thannberg, M. Louis Roche, M. Denis Gallet, M. Adolphe Dubos, avocat ; M. Edouard d'Aubigny, M. Bailly, M. Douillet-Duvauchel, M. Edmond Douillet, M. Albert Douillet, M. Modaine, M. Hovette, M. Guénard-Morand, M. Chevalier, M. Héricourt, M. Emile Possel, M. Georges Mollet, M. Lefeuvre, M. Hareux, etc... etc.

Première entrevue au guichet. — Au coup de sonnette du commissaire, M. Bailly va ouvrir le guichet.

— Qui est là? dit-il.

— Le commissaire.

— Qu'est-ce que vous voulez?

— Je viens pour l'exécution des Décrets.

— Nous n'en reconnaissons pas la légalité.

— Prévenez le Directeur, dit le commissaire.

M. Bailly ferme le guichet. Aussitôt, suivant l'usage des communautés religieuses, on sonne le R. P. Supérieur avec le timbre.

Au même moment les deux cloches du couvent se mettent en branle et un double tocsin prévient tout le quartier du péril administratif dont est menacé la communauté des PP. Franciscains.

Deuxième entrevue au guichet. — Le R. P. Louis-Joseph, actuellement supérieur du couvent, arrive dans la cour ; il se dirige vers la porte et ouvre le guichet.

— Qui est là? dit-il.

— Le commissaire de police.

— Qu'est-ce que vous voulez?

— Je viens pour l'exécution des Décrets.

— Je proteste contre les Décrets, réplique le R. P. Supérieur; je n'en reconnais pas la légalité. Avez-vous un mandat de justice?

— J'ai un mandat de M. le Préfet. Ouvrez-moi.

— Je n'ouvrirai pas.

— Alors j'escaladerai.

Ici intervient M. Souëf. « Soit! dit-il, mais n'oubliez pas que c'est à vos risques et périls, car plus tard la justice appréciera vos actes. »

Le R. P. Louis-Joseph ajoute : « Vous ferez comme vous voudrez mais je vous préviens qu'en violant notre communauté, vous encourez tous l'excommunication majeure; je n'ai que cela à vous dire. »

Ceci dit, le R. P. Supérieur ferme le guichet et rentre dans le couvent.

Toutes les personnes qui se trouvaient dans la cour vont retrouver les Pères dans leurs cellules.

Pendant l'entretien du R. P. Supérieur avec le commissaire, le tocsin s'était arrêté ; il reprend aussitôt.

Le Crochetage. — M. le commissaire avait menacé de pratiquer l'escalade ; la chose semblait devoir être facile : il avait, lui aussi, comme M. le commissaire central chez les PP. Dominicains, pris ses mesures pour s'introduire par le chemin des voleurs.

Armé de pied en cap, M. le commissaire avait à sa disposition, dans un énorme tombereau dont il s'était fait suivre, des échelles, des cordes, des leviers, des massues de fer, des pinces, etc.

Cependant, après s'être rendu compte de l'insuffisance de ses échelles, il adopta l'effraction.

La porte du couvent était bien défendue ; on l'avait, depuis quelques jours, garnie de quatre énormes barres de fer ; la première, celle du haut, était scellée dans les piliers, les trois autres étaient placées d'une manière mobile dans des attaches qu'on avait fortement scellées. Toutes les barres étaient reliées entre elles par un fil d'archal. De plus, pour empêcher l'effet de la scie, entre les poutres croisées qui renforçaient les panneaux de la porte, on avait frappé un grand nombre de clous destinés à soutenir un véritable réseau de fil d'archal. Derrière la porte se trouvaient six grandes caisses d'arbustes, remplies de terre.

M. le commissaire, qui paraît être très expert dans le crochetage, s'attaque d'abord au guichet ; il le démolit ; puis il s'attaque à grands coups de hache à la petite porte qui fait partie de la grande porte cochère.

Cette petite porte fut réduite en morceaux ; mais, détail à noter, dès qu'un étroit passage fut ouvert, trois ou quatre satellites de M. le commissaire tentèrent l'abordage du couvent : comme des putois ils pénétrèrent dans la cour à quatre pattes.

On acheva ainsi plus facilement l'œuvre administrative.

Pour être maître de la porte, M. le commissaire avait employé vingt-cinq minutes de son temps précieux.

Un coup d'œil dans la rue. — Au moment où commençaient les opérations, M. le commissaire avait jugé à propos de se rendre complètement maître du trottoir attenant à la maison.

En face, sur le trottoir opposé, on constatait la présence d'une foule assez nombreuse, contenue par un cordon de gendarmes placés à dix pas environ les uns des autres.

Cette foule était en grande partie sympathique aux Pères.

Des enfants des écoles laïques chantaient le « *Beau Nicolas, Ah! Ah! Ah!* » chant national de la République actuelle, et criaient de temps à autre : « Ça craque ! Ça craque ! »

Dans la cour. — En pénétrant dans la cour, les agents trouvèrent devant eux un placard portant ces mots : « *L'excommunication majeure est encourue par le seul fait de la violation des communautés religieuses.* »

A gauche se trouve la petite porte du parloir; c'est de ce côté que les agents se dirigent.

Les agents dans la communauté. — Ils forcent cette première porte.

Ils en forcent une seconde à l'autre extrémité du parloir.

Ils en forcent enfin deux autres qui donnent accès dans la communauté : l'une en bas du perron, qui avait été solidement barricadée et qui a offert une grande résistance aux pinces et aux massues ; l'autre au bout du préau et donnant accès au grand escalier, aux cloîtres et aux salles principales.

Dans la communauté. — *La cellule du Père Célestin.* — Pendant que la porte d'entrée du couvent était enfoncée à coups de hache, les scolastiques ou étudiants s'organisèrent pour la résistance passive.

L'un des étudiants, le Père Roch, s'était enfermé dans le grenier : de là, il sonnait la cloche d'alarme.

M. le commissaire de police et ses agents étant montés au premier étage, entendirent à l'étage au-dessus, des bruits de pas : ils se dirigèrent aussitôt vers le deuxième étage.

Pendant ce temps le Père Célestin et ses témoins parmi lesquels figurent MM. Roche, Motte et Berger, s'enferment dans le scolasticat dont la garde était confiée à ce Religieux.

Le commissaire de police se présente à la porte vitrée sur laquelle était inscrite la formule d'excommunication et les dispositions du Code pénal visant les violations de domicile.

M. le commissaire de police frappe à la porte :

— Qui est là? dit le Père.

— Le commissaire de police.

— Que voulez-vous?

— Je viens vous signifier un arrêté de M. le Préfet.

— Avez-vous un mandat judiciaire?

— Non. Mais j'ai un arrêté du Préfet concernant l'application des Décrets du 29 mars.

— Lisez.

— Entrebâillez un peu la porte, et je vous le communiquerai.

— J'entends suffisamment. Lisez.

D'une voix tremblante, le chapeau à la main, M. le commissaire de police lit l'arrêté.

Après cette lecture, le Père proteste contre l'illégalité des Décrets et contre leur exécution.

Le commissaire de police répond en déclarant qu'ayant forcé les portes du bas, il est prêt à enfoncer les portes du scolasticat, si on lui refuse l'entrée.

— Vous pouvez enfoncer la porte, dit alors le Père, puisque vous avez la force ; mais je vous déclare, et vous pouvez du reste déjà le savoir par cette affiche, que vous en particulier, monsieur le commissaire, et tous vos agents qui vont prendre part à cet acte d'iniquité, vous encourez l'excommunication majeure. Prenez garde d'attirer ainsi sur vous et sur votre famille la malédiction de Dieu.

Au mot d'excommunication, le commissaire parut un peu troublé.

Il n'hésita pas longtemps cependant ; et fit crocheter la porte du scolasticat.

Pendant cette opération le Père se retire avec ses témoins dans sa cellule dont il referme soigneusement la porte.

Bientôt on frappe :

— Qui est là ?

— Je suis le commissaire.

Silence complet.

Pinces et rossignols se mettent en travail ; la porte ne cède pas.

— Enfoncez-la donc ! s'écrie le commissaire.

Un coup de massue fait sauter le panneau supérieur de la porte. On aperçoit par l'ouverture la tête du commissaire.

— Vous le voyez, messieurs, dit le commissaire en s'adressant au Père et aux témoins, l'effraction est réelle ; veuillez ouvrir la porte.

« Votre besogne est si belle, dit ironiquement M. Roche, « que nous désirons vous la voir terminer. »

Sur ce, trois violents coups de massue font voler la porte en éclats.

Le commissaire et ses crocheteurs pénètrent dans la cellule.

Comme l'un des témoins cachait un peu ce beau personnel, M. Roche, qui voulait jouir du spectacle tout entier, dit à son ami :

— Veuillez vous retirer un peu, afin que nous voyons ces figures pour les reconnaître plus tard.

De nouveau le commissaire notifie l'arrêté qu'il déclare signé et contresigné et dont il offre de laisser copie.

Puis s'adressant au Père, il le somme de sortir.

Celui-ci refuse disant qu'il est dans son domicile.

— Êtes-vous propriétaire ou locataire, demande le commissaire?

— Non, monsieur, je ne suis ni l'un ni l'autre, mais je demeure chez le propriétaire par sa volonté et j'ai le droit d'y rester. Je vous déclare que je n'en sortirai que par la violence.

— Eh bien, monsieur, dit le commissaire, en lui mettant la main sur l'épaule, au nom de la loi, sortez.

— Non, monsieur, je suis dans mon domicile, je n'en sortirai que si vous me traînez dehors.

Le commissaire conduit le Religieux jusqu'à la porte de la cellule. Arrivé là, il croyait avoir fini sa besogne; le Père lui dit : « Je vous déclare, monsieur, que si vous me lâchez, je m'arrête. »

Alors, s'adressant à un agent, le commissaire s'exprime ainsi :

« Conduisez, Monsieur, jusqu'à la rue et avec tous les égards qu'on vous a recommandés. »

— Des égards! s'écrie l'un des témoins, vous ne venez pas de nous prouver que vous saviez en avoir.

Le Père Célestin descend alors dans la cour au bras de M. Roche et traîné par le sergent de ville, qui paraissait tout confus de la besogne qu'il accomplissait.

C'était la première expulsion.

Nul n'avait encore envoyé aux portes du couvent une bande de braillards et de voyous pour vociférer contre les Pères.

Le Père Célestin obtint une véritable ovation.

La foule, contenue jusqu'alors par la gendarmerie et la police, se précipita en flots serrés sur le passage du Père et cria avec énergie : « Vive la Liberté ! Vivent les Franciscains ! Vive le Père ! »

La première personne qui se jeta dans les bras du P. Célestin, fut M. le général Montaudon.

Des bouquets de fleurs, des guirlandes, des couronnes furent jetés au Père sur tout le parcours qui sépare le couvent de la maison de M. Roche, où le proscrit devait passer la nuit.

Les dames agenouillées imploraient la bénédiction du Père.

Une seule note discordante vint se mêler à ce concert de sympathies : une quinzaine d'enfants des écoles laïques criaient « A bas la calotte ! Vive la République ! »

La cellule du Père Roch (au 3e étage). — Le tocsin continuait de sonner.

Le P. Roch, originaire d'Airaines (Somme), était enfermé au clocher, avec M. V. Hette, et deux autres témoins.

Vers deux heures un quart, sans sommation préalable, la porte fut attaquée avec des leviers.

Silence complet dans la cellule ; le tocsin sonnait toujours.

Les leviers étant insuffisants, les crocheteurs vont en chercher d'autres, et ébranlent de nouveau la porte.

— Qui est là, demande le Père ?

Trois fois cette question est renouvelée.

— La loi, répond-on enfin.

— Quelle loi. Je ne connais pas de loi qui m'oblige de vous ouvrir.

Après un siège d'environ une demi-heure, pendant lequel les crocheteurs durent une deuxième fois aller chercher des outils plus solides, la porte est soulevée et jetée de côté.

Le commissaire entre, chapeau bas, il était vivement ému. Les témoins restent couverts.

En ce moment le tocsin cesse de se faire entendre.

M. le commissaire demande au Père s'il est le Supérieur, le propriétaire ou le locataire de l'immeuble.

Le Père répond qu'il est dans la maison de M. Georges Lecomte et que personne n'a le droit de l'en faire sortir.

M. le commissaire donne lecture de l'arrêté préfectoral.

Un témoin demande au commissaire s'il a un mandat.

— Non. J'ai l'arrêté du préfet.

Il somme le Père de sortir.

— Je ne sortirai, dit le P. Roch, que par la violence.

Le commissaire met la main sur l'épaule du Père, qui refuse de sortir. Deux agents interviennent et conduisent le Religieux hors de sa cellule.

En arrivant au premier étage, le Père, qui était toujours escorté par les deux agents et par le commissaire, rencontre deux amis, MM. Flour et Printagène qui lui serrent la main et lui disent qu'aucun Père n'est encore expulsé.

Le P. Roch déclare alors qu'il ne sortira pas du couvent ; qu'il attendra que son Supérieur ait subi le même sort que lui.

M. le commissaire ordonne aux agents de conduire le Père

dehors, en leur recommandant d'avoir des *égards* pour lui.

Le Père est expulsé.

M. le commissaire n'autorise aucun des témoins (ils étaient trois) à suivre le Religieux et à sortir du couvent avec lui.

Dans la rue, près du couvent, la foule est sympathique ; le Père est entouré d'amis et de protecteurs qui crient : « Vivent les Pères ! Vive la liberté ! Vivent les Franciscains ! » Des dames remettent au Père des couronnes et lui jettent des fleurs.

Plusieurs fois le Père s'arrête pour bénir la foule ; il arrive enfin à la gare où il trouve une voiture qui doit le conduire au château d'Allonville.

Un groupe d'individus se rue sur la voiture et cherche à la renverser.

M. Hette père, qui revenait de conduire chez M. Louis Roche le P. Célestin, se joint à MM. Piteux et Emile Trancart pour saisir le cheval par la bride ; ils lui font faire quelques pas et parviennent enfin à arracher la voiture aux mains des bandits qui s'en étaient en quelque sorte emparés.

En ce moment, un homme portant une casquette sur laquelle on lisait ces mots : « *Hôtel Saisset Dubois* », bondit de plusieurs mètres et envoie dans la poitrine de M. Trancart un violent coup de pied.

On affirme qu'un individu qui tenait une des roues de la voiture pour la faire verser, a eu le poignet très contusionné.

Revenons au couvent :

Un interrogatoire. — M. le commissaire avait retenu les témoins du P. Roch.

Voici l'interrogatoire qu'il fit subir à l'un d'eux.

— Pourquoi êtes-vous ici ?

— J'y suis parce que j'ai été invité par le propriétaire, le P. Georges : et parce que j'ai actuellement mon logement dans le couvent. Puis-je aller chercher mes affaires dans ma cellule ?

— Oui, si vous avez la clef.

— Je ne l'ai pas.

— Où est le Père Supérieur ?

Le témoin répond par un proverbe bien connu et excite ainsi l'hilarité de toutes les personnes présentes.

M. le commissaire somme les témoins de sortir. Sur leur refus, il les fait reconduire hors du couvent par l'agent.

Les témoins ont protesté et fait toutes leurs réserves tant au civil qu'au criminel.

La cellule du Frère Hippolyte, scolastique. — M. le commissaire de police frappe à la porte du Frère Hippolyte, sous-diacre?

— Qui-vive?

— Je suis le commissaire de police.

— Ah! c'est vous. Je m'en doutais. Que voulez-vous?

— Etes-vous propriétaire de cette maison?

— Non! mais peu importe. Je suis chez moi!

— Vous n'avez pas de titres de propriétaire?

— Non, vous dis-je. Je suis simple Religieux, enfant de Saint-François et serviteur de Celui qui mourut sur une Croix en pardonnant à ses bourreaux.

— Au nom de la loi, ouvrez!

— Je suis chez moi. J'entends ne point ouvrir.

A ce refus formel les crocheteurs se mirent en devoir d'enfoncer la porte qui était barricadée à l'intérieur.

La porte enfoncée, M. le commissaire de police s'avança vers le Frère Hippolyte, que plusieurs Messieurs entouraient, et, le saluant profondément, il lui dit avec une exquise politesse:

— Je suis le commissaire de police: voyez mon écharpe. Vous n'êtes pas propriétaire, sans quoi, vous le comprenez, nous n'aurions pas forcé la porte de votre chambre: on vous aurait laissé ici avec les personnes qui vous auraient été nécessaires. Nous ne pouvons découvrir votre Supérieur, ajoute le commissaire en essuyant la sueur de son front.

— Vous cherchez bien, mais cherchez bien encore, vous le découvrirez, car il est dans la maison.

— Mais, je vous en prie! Est-ce que vous m'obligerez à forcer tant de portes qui restent encore?...

— Oui, monsieur le commissaire, jusqu'à la dernière. La besogne est humiliante, je le sais, mais il ne fallait pas l'accepter.

Après cette réponse laconique et précise, M. le commissaire donna lecture au Religieux de l'arrêté. Sa voix était émue, et ses papiers lui tremblaient dans les mains.

— Maintenant, vous avez entendu.

— J'ai parfaitement entendu.

— Je vous prie donc de bien vouloir sortir.

— Du tout! J'ai entendu ne pas ouvrir; j'entends également ne pas sortir. Je suis chez moi, j'y reste. Si j'en sors, c'est la violence seule qui m'en fera sortir.

C'est alors que le commissair leva sa main non sans trembler sur l'épaule du Frère.

Les témoins protestèrent énergiquement contre la violation du domicile, et eux aussi ne cédèrent qu'à la violence.

Pendant ce temps-là, le Frère Hippolyte qui avait fait quelques pas dans le corridor revint vers le commissaire en lui disant :

— Je refuse de descendre, si vous ne me faites l'honneur d'une escorte.

— Agents ! conduisez Monsieur.

La cellule du Père Clément. — MM. Levêque, Albert Douillet, Villeret et Guillaume sont enfermés avec le P. Clément.

La tête de mort devant laquelle le pieux Religieux a coutume de faire ses méditations, est placée sur une table en face de la porte d'entrée. Elle avait été mise là pour inspirer à M. le commissaire de police et à ses agents quelques réflexions salutaires sur la gravité des responsabilités encourues par des actes injustes.

Déjà une heure et demie s'était écoulée depuis que les témoins étaient renfermés dans la cellule.

La cloche venait de s'arrêter.

Tout à coup, quelques figures de crocheteurs se montrent derrière le vasistas qui domine la porte de la cellule. Une voix dit ces mots typiques : « Il y en a. »

On frappe.

— Au nom de la loi, ouvrez !

— Qui va là ?

— Le commissaire de police.

— Pourquoi faire ? Y a-t-il des malfaiteurs dans la maison ?

On frappe de nouveau.

— Au nom de loi, ouvrez !

— Nous n'ouvrirons pas, répond énergiquement M. Albert Douillet ; votre loi, nous ne la connaissons pas ; les Décrets ne sont pas la loi ; nous sommes chez nous ; nous n'ouvrirons pas.

— Ouvrez, vous dis-je, je suis le commissaire de police, et je suis porteur d'un arrêté de M. le Préfet, je vous en prie, ouvrez.

— Nous ne reconnaissons pas la légalité de cet arrêté, et nous n'ouvrirons pas.

— Je vais faire enfoncer la porte.

— Enfoncez la porte, si vous voulez.

Trois violents coups de maillet sont donnés dans la porte.

Elle cède.

Le commissaire de police entre, chapeau bas ; il est suivi de plusieurs agents. Les témoins restent couverts.

— Je suis le commissaire de police; voici mon écharpe; je suis porteur d'un arrêté de M. le Préfet dont je puis vous donner communication.

— Lisez.

Le commissaire, très troublé, lit l'arrêté préfectoral.

En terminant :

— « Monsieur, dit le commissaire en s'adressant au Père, êtes vous Supérieur, propriétaire? je puis vous autoriser à rester chez vous.

— Monsieur, dit le Père, la loi sauvegarde l'inviolabilité du domicile; nous recourrons aux tribunaux contre les auteurs et les exécuteurs des Décrets.

M. Douillet intervient :

— Monsieur, nous sommes les amis du propriétaire; il nous reçoit chez lui; sous aucun prétexte on ne peut nous faire sortir; nous protestons et nous restons.

— Voyons, je vous en prie, dit le commissaire, quittez cette cellule.

— Monsieur, répond avec fermeté le P. Clément, je suis ici chez moi et je ne m'en irai que par la force.

— C'est inutile, mon Père, il faut que la loi s'accomplisse.

— Je suis ici, répond le P. Clément, par la volonté de mon Supérieur, et j'y reste; j'ai ordre de ne céder qu'à la force.

Le commissaire se tourne vers les témoins :

— Messieurs, dit-il, employez-vous à faire sortir le Père; c'est une triste besogne que nous faisons, mais il faut qu'elle s'accomplisse.

— Oui, c'est une triste besogne, reprend M. Lévêque, et d'autant plus triste que le caractère administratif dont elle est revêtue, ne vous met pas à l'abri de la loi; je vous préviens que nous avons de longs délais pour nous pourvoir contre vous tant au civil qu'au criminel; je ne vous parlerai pas des censures ecclésiastiques que vous encourez : Vous devez en être déjà suffisamment averti.

— Que voulez-vous, mon cher Monsieur, nous ne sommes ici que de pauvres ouvriers; il faut que cela se fasse; si ce n'est pas moi ce sera un autre.

Le Père se refusant toujours à sortir, le commissaire lui met la main sur l'épaule.

— La violence est constatée, dit le commissaire.

On met le Père hors de la cellule; il refuse d'avancer; les agents le conduisent jusqu'au rez-de-chaussée.

Trois témoins accompagnaient le Père. M. Lévêque seul était resté près de la cellule du persécuté.

— Monsieur, descendez, dit le commissaire.

— Monsieur, répond M. Lévêque, je n'ai pas l'honneur d'être Religieux ; je suis ici un témoin, un simple spectateur des scènes déplorables qui s'accomplissent ; je suis ici chez un de mes amis ; je reste.

— Ah ! nous ne demandons pas mieux que de vous laisser ici, si vous êtes l'ami du propriétaire ; mais dites-nous où il est ce propriétaire ; voilà deux heures que nous le cherchons ; on ne fait pas de ces tours-là.

— Monsieur, je ne suis pas ici pour vous servir d'aide, c'est à vous de le chercher.

— En ce cas, Monsieur, je vous prie de descendre de suite ; et puisque vous résistez... Agents ! conduisez Monsieur.

— Monsieur le commissaire, je ne suis pas un malfaiteur, pour que vous me fassiez mettre la main au collet ; en vous emparant de ma personne vous commettez un véritable attentat à la liberté individuelle.

— Oh ! Monsieur, nous savons que vous n'êtes pas un malfaiteur ; je vous fais mille excuses : nous accomplissons la loi.

M. Lévêque est reconduit au rez-de-chaussée par les agents. Il retrouve dans le parloir le P. Clément et les trois autres témoins.

C'est, qu'en effet, il vient d'être décidé par les autorités républicaines, à la suite des manifestations favorables dont les PP. Célestin et Roch ont été l'objet près du couvent, que dorénavant les expulsés ne sortiraient plus isolément de leur domicile, mais seraient provisoirement retenus pour être jetés dehors tous ensemble.

Un officier se trouve près du parloir et fume une cigarette ; expliquant les prétendus motifs de cette mesure, il déclare qu'il a été inspiré par sa conscience, en empêchant la sortie isolée des PP. Franciscains.

Un murmure général accueille l'officier, lorsqu'il prononce ce mot de « conscience » ; l'officier se tait et se retire.

Vers cinq heures, le P. Clément reçoit l'ordre de quitter le couvent.

A sa sortie, il est accompagné par MM. Guillaume et Villeret.

Ce ne sont d'abord que des cris hostiles ! mais bientôt le Père peut reconnaître des visages amis.

— Messieurs, découvrez-vous, dit M. Villeret.

Les chapeaux se lèvent aux cris mille fois répétés de : « Vivent les Pères ! Vive la liberté ! »

On presse les mains du religieux ; on les embrasse ; on touche ses vêtements.

On arrive enfin chez M. Roche où le P. Clément est attendu.

La foule s'empresse, veut retenir le religieux, sollicite ses bénédictions.

— A genoux, dit M. Guillaume, à genoux, le Père va vous bénir.

Le Père lève les yeux au ciel, joint les mains et bénit ses amis et ses protecteurs.

La cellule du Frère Anselme, scolastique. — Témoins : MM. Lefeuvre, Hovette, Modaine, Charpentier, Derivière.

Le commissaire fait appliquer une échelle contre la porte afin de voir par l'imposte si quelqu'un est dans la cellule.

Sur la demande deux fois répétée du Frère : — Qui est là ? — On répond : — Le commissaire de police.

— Que vient faire la police chez moi, dit le Frère ?

— Je viens au nom de la loi exécuter les Décrets du 29 mars et vous signifier que si vous n'êtes ni propriétaire, ni locataire, vous devez sortir immédiatement.

— Je ne suis ni propriétaire, ni locataire, mais j'ai mon domicile ici, chez le propriétaire et j'y reste.

— Nous allons alors enfoncer la porte.

— Monsieur, dit le religieux, vous imprimez aujourd'hui à votre réputation une triste marque, qui ne s'effacera pas de sitôt. Je vous avertis en outre que vous achetez votre passeport pour l'enfer par l'excommunication que vous encourez en ce jour.

Le commissaire avertit qu'on va forcer la porte.

— Monsieur, dit le Frère Anselme, vous avez la force pour vous, mais le droit et la justice sont à Dieu. Faites votre besogne.

La porte vole en éclats sous les coups de maillet. M. le commissaire, ses agents et ses crocheteurs entrent ; l'un des crocheteurs est occupé à restaurer ses forces en mangeant à toutes dents un morceau de pain.

— Monsieur, êtes-vous Supérieur ou propriétaire ?

— Non, monsieur, je ne suis ni l'un ni l'autre.

— Le commissaire lit l'arrêté du Préfet et ajoute :

— Monsieur au nom de la loi, je vous prie de sortir.

— Au nom de la loi ? Dites plutôt au nom de la violence.

— Eh bien! au nom de la violence! soit! Mais sortez.

— Non, monsieur; je ne sortirai que si l'on m'entraîne et je m'arrêterai lorsque vous cesserez de me contraindre.

Le commissaire met la main sur l'épaule du Frère :

— Allons! monsieur, au nom de la loi, sortez!

— Je proteste, dit le Frère scolastique, je proteste devant tous mes amis ici présents contre la violence que vous me faites. Il faut, monsieur, que vous m'extradiez jusqu'à la rue, sinon je ne sortirai pas du couvent.

— Vous serez retenu au parloir, tous les Frères sortiront ensemble.

En effet, le Frère, quoique « expulsé », subit une détention provisoire.

La cellule du R. Père Louis-Joseph. — Témoins : MM. Bailly, Hareux, d'Hangest et Loyseau.

Le R. P. Louis-Joseph, Supérieur du couvent, était, comme nous l'avons dit, remonté dans sa cellule, après l'entretien qu'il avait eu, à la porte du couvent, à travers le guichet, avec M. le commissaire de police.

Mais, inquiet sur le sort de ses Religieux, et désireux de se rendre compte des dispositions de la foule qui stationnait devant le couvent, le Père ne tarda à prendre pour asile, avec ses témoins, une autre pièce ayant vue sur la rue.

A trois heures, M. le commissaire de police, après avoir enfoncé la porte de cet appartement, se trouve en présence du R. P. Supérieur :

— Monsieur, vous êtes bien Monsieur le Directeur?

— Oui, Monsieur.

— Monsieur le Directeur, j'ai un arrêté de M. le Préfet à vous signifier.

Lecture est donnée de l'arrêté.

Nous devons constater que M. le commissaire était vivement émotionné, en faisant cette lecture : deux fois le R. P. Supérieur crut devoir l'encourager à poursuivre.

M. Bailly examine avec soin l'arrêté, se fait montrer les signatures, etc., etc.

M. le commissaire dit ensuite :

— Monsieur le Directeur, pourriez-vous nous dire, combien vous êtes de Religieux dans le couvent.

— Cela, Monsieur, n'est pas mon affaire.

— Sans doute, reprend M. Bailly; cherchez; enfoncez; continuez votre besogne.

— Pardon, Monsieur, dit le commissaire, nous ne pouvons pas continuer indéfiniment; nous avons déjà violé toutes les portes.

— Eh bien! combien avez-vous trouvé de Religieux? dit le R. P. Supérieur.

— Six, dit un agent.

— En ce cas, il y en a encore : je ne puis vous dire où ils sont.

Le R. P. Supérieur renouvela alors toutes les protestations qu'il avait faites au guichet et réserva tous ses droits tant au civil qu'au criminel.

— Maintenant, Monsieur le Directeur, dit le commissaire, vous pouvez aller où vous voudrez et emporter ce que vous voudrez.

— Monsieur le commissaire, dit M. Bailly, j'exige une voiture pour le Père; c'est son droit.

— Vous l'aurez...

— Fournie par la police?

— Oui.

— Très bien.

— Eh bien, mon Père, partons, dit M. Bailly, je vous accompagnerai la tête haute.

Au bas du perron, le R. Père Supérieur rencontra M. le vicomte de Rainneville, sénateur, qui, prévenu dès le début des opérations d'expulsion, s'était empressé de se rendre au couvent.

M. le vicomte de Rainneville venait d'arriver : il offrit le bras au R. P. Supérieur, qui sortit ainsi entre M. le vicomte de Rainneville et M. Bailly.

Depuis une heure, une foule hostile avait eu le temps d'arriver.

De formidables cris : « A bas la calotte! A mort les calotins! » accueillent le Père et ses témoins.

De nombreux amis protestent avec énergie, et répondent : « Vivent les Franciscains! Vive la liberté! »

Le R. P. et ses témoins ont à peine fait dix pas, qu'ils ne peuvent plus avancer; on les bouscule, on les pousse; quelques citoyens courageux et entre autres M. S... et M. Dufour, négociant en laines, interviennent; mais la foule se rue, et un instant on peut croire que la voiture qui attend là à quelques mètres le vénérable proscrit va être renversée.

Enfin, MM. le vicomte de Rainneville et Ansart peuvent

prendre place à côté du Père dans cette voiture; le cocher fouette les chevaux, elle s'ébranle; cependant trois cents bandits suivent la voiture, l'empêchent d'avancer et soulèvent les roues, les autres sont aux portières et montrent le poing au Père et à ses témoins. Fort heureusement le cocher, muni d'une trique, peut parvenir enfin à tenir en respect ces souteneurs de l'administration, et imprimer à ses chevaux une plus vive allure.

Le Père était dérobé aux fureurs de la foule.

La cellule du P. Georges. — Témoins : MM. Souëf, Denis Gallet, Douillet et Georges Mollet.

On frappe à la porte du Père.

— Qui est là? dit le P. Georges.

— Le commissaire de police. Ouvrez.

— Avez-vous un mandat de justice?

— Non. J'agis en vertu d'un arrêté du Préfet.

— Je ne le reconnais pas comme légal, dit le Père, et je n'ouvrirai qu'en vertu d'un mandat de justice.

— Au nom de la loi, je vous somme d'ouvrir.

— Au nom de la loi, à mon tour, je proteste; je suis l'un des propriétaires de cette maison; en cette qualité et comme citoyen français, je proteste contre la violation de ma propriété et de mon domicile, et je vous déclare responsable des actes illégaux que vous avez commis et de leurs conséquences.

— Ouvrez-moi la porte pour me donner communication des titres que vous invoquez.

— Je ne veux pas vous ouvrir; je vais vous passer mon titre par un vasistas qui est au-dessus de ma porte.

— Je vois que vous êtes propriétaire; ouvrez-moi, je vous donne ma parole d'honneur que je vous laisserai dans la maison.

— Monsieur, après tout ce que vous venez de faire, après ce qui vient d'être fait à mes Pères de Béziers, je n'ai pas confiance; je suis chez moi; mon domicile est inviolable; je n'ouvrirai pas.

M. le commissaire se retire pendant une demi-heure; probablement il se met en communication avec M. le Préfet et sollicite des instructions nouvelles.

Après une demi-heure d'attente, nouvelle sommation d'ouvrir, nouveau refus.

Une échelle est alors appliquée contre la porte et derrière le vasistas qui domine cette porte, on voit apparaître une tête... celle du commissaire.

— Remettez-moi votre titre, dit M. le commissaire du haut de son échelle.

Le titre de propriété lui est communiqué avec toutes les réserves de droit.

— Quels sont les noms des personnes qui sont avec vous? demanda le commissaire.

— Je n'ai pas à vous les faire connaître, répond le moine.

M. le commissaire, toujours sur son échelle, s'adresse aux témoins et leur demande leur noms.

M. Souëf intervient : — M'inculpez-vous d'un délit?

— Nullement.

— En ce cas, je pourrais vous refuser mon nom.

— Je le reconnais.

— Puisque notre droit de ne pas répondre est constaté, non seulement je ne veux plus vous refuser mon nom, mais je tiens à ce qu'il soit enregistré, ainsi que celui de toutes les personnes présentes, dans le procès-verbal. Nous sommes les témoins du Père Georges, et le jour où il demandera à la justice la réparation du préjudice matériel et moral que vous avez causé, il importe que nous puissions attester ce qui s'est passé.

M. le commissaire, perché sur son échelle, prend le nom des témoins.

— Mais s'écrie-t-il, sur cette échelle je ne peux pas écrire.

— Eh bien! descendez dit un témoin.

— Monsieur, reprend le commissaire s'adressant à M. Souëf, je n'étais pas encore commissaire de police à Amiens, lorsque vous étiez procureur général; mais j'ai entendu parler de vous. Je vous donne ma parole d'honneur que le Père sera libre de rester dans la maison; priez-le de m'ouvrir.

— Vous avez pris l'engagement de me laisser dans la maison, dit le Père Georges; prenez-vous le même engagement à l'égard de mes quatre témoins; je tiens à ce qu'on ne les sépare pas de moi.

Les témoins déclarent qu'ils ont le droit et le devoir de rester auprès du Père Georges et ajoutent qu'ils exigent que cet engagement soit pris vis-à-vis d'eux.

Le commissaire déclare que le Père Georges et les quatre témoins resteront dans la propriété.

Les droits de chacun étant ainsi constatés, affirmés et reconnus, le Père Georges consent à ne pas laisser plus longtemps le commissaire de police sur son échelle et lui déclare qu'il va lui ouvrir, mais à titre gracieux.

La porte est ouverte.

M. Souëf fait observer à M. le commissaire qu'avant l'expiration des délais de la prescription, il sera demandé réparation devant la justice, qu'il importe donc de constater d'une manière indiscutable les dégâts qui ont été causés et dont il pourra être demandé compte un jour, aussi bien que du préjudice moral éprouvé par l'exécution illégale des Décrets illégaux.

M. le commissaire consent à ce que cette constatation contradictoire soit faite avec lui.

Il reste encore pour le commissaire une mission à remplir : il faut qu'il signifie au Père l'arrêté d'expulsion.

Cette signification est faite verbalement. Le Père ayant demandé une copie de l'arrêté :

— J'ai donné copie au Père Supérieur, pour toute la communauté, répond le commissaire.

— Puisque la communauté n'est pas reconnue, répliqua M. Souëf, M. le commissaire ou M. le préfet devrait savoir que la notification faite au supérieur n'a d'effet que vis-à-vis de celui-ci.

Les scellés. — M. le commissaire procède ensuite à l'apposition des scellés à l'intérieur de la chapelle.

Incident. — Le Père Georges apprend que M. le commissaire est préoccupé du temps que va prendre cette opération des scellés, et que ses agents n'ont pas mangé depuis le matin.

— Monsieur le commissaire, dit le Père Georges, nous avons encore un peu de pain dans la maison : je le mets bien volontiers à votre disposition.

Le commissaire adresse ses remerciements au Père Georges.

Après les scellés. — Le P. Georges dit alors au commissaire :

— Je ne puis rester dans une maison ainsi ouverte ; puisque vous avez brisé ma porte, prenez des mesures pour qu'elle soit réparée et fermée.

— Cela ne me regarde pas, dit le commissaire.

M. Souëf fait remarquer à M. le commissaire de police que « le devoir légal et strict de la police est de protéger la personne et la demeure des citoyens ; que si M. le commissaire de police s'est reconnu le droit de requérir un serrurier pour enfoncer la porte de citoyens français, il peut aussi bien requérir un menuisier ou un charpentier pour réparer le dégât qu'il a causé. »

Le commissaire répond : « Je suis obligé d'aller à la Préfecture. »

En présence de cette attitude trop explicable, les amis du Père Georges se décident à faire venir un ouvrier, mais ils prennent note du refus de commissaire de police. Refus que la justice aura à apprécier le jour inévitable où le droit ayant repris son empire, toutes les responsabilités seront pesées.

La cellule du Père Laurent. — Le P. Laurent appartient à la famille de Lalaubie, d'Aurillac ; il a trente ans et attend son expulsion pour partir pour la Terre-Sainte. Son frère, âgé de trente-trois ans est capitaine d'artillerie depuis sept ans.

Les témoins du Père sont : MM. le comte de Thannberg, Ad. Dubos, avocat; Édouard d'Aubigny, Guénard-Morand et Louis Chevalier.

La cellule du P. Laurent est voisine de celle du P. Georges, où s'est passée la scène principale de la journée, scène qui a duré une heure et demie.

Le Père et les témoins ont attendu M. le commissaire de police et ses crocheteurs jusqu'à cinq heures de l'après-midi.

A cinq heures, comme on n'entendait plus aucun bruit dans le couvent, deux témoins ont quitté la cellule et sont partis en reconnaissance.

Ils ont aperçu le groupe des propriétaires et des témoins du Père Georges, qui assistaient à la mise des scellés sur la chapelle.

Vers cinq heures et demie, comme M. le commissaire avait quitté la maison, les témoins laissèrent le P. Laurent à la garde du P. Georges et sortirent du couvent.

Ils se promettaient de venir le chercher un peu plus tard, pour le transporter dans une famille hospitalière, — lorsque la foule hostile qui entourait le couvent se serait dispersée.

Les témoins avant de quitter le Père lui demandèrent sa bénédiction.

Dans la rue. — Au moment où les crocheteurs abattaient la porte des PP. Franciscains, un enfant, dit-on, montrait l'un de ces ouvriers administratifs en disant : « C'est mon père ; il a reçu cinquante francs pour faire ce travail. »

On a prétendu que des meneurs étrangers étaient venus à Amiens à l'occasion de l'expulsion des Dominicains et des Franciscains.

Ce qui est certain, c'est que plusieurs personnes ont entendu proférer ces propos dans la foule : « Dépêchons-nous ; si non, nous manquons le train. »

Un autre propos.

Quand passaient les braillards, on entendait souvent dire : « — Voilà les quatre sols. »

Nous ne saurions trop féliciter le nommé Brunel, cocher de place, dont la conduite, dans la journée du 3 novembre, fut digne des plus grands éloges.

Il montra la plus vive énergie pour dérober l'un des RR. PP. Franciscains aux fureurs de la foule.

Pendant l'expulsion des Franciscains une vingtaine d'enfants des écoles laïques étaient montés dans le tombereau qui avait apporté tout l'arsenal des crocheteurs, et chantaient la *Marseillaise*, encouragés par un individu qui leur faisait signe d'une fenêtre.

Sur la chaussée de Noyon, on remarquait la présence de plusieurs conseillers municipaux, et notamment celle de M. Alphonse Fiquet, adjoint, qui était entouré d'un groupe d'ouvriers, et qui se tenait par privilège, près du couvent.

Nous sommes heureux de constater que M. l'abbé Fallières, vicaire général, et M. l'abbé Duclercq, secrétaire général de l'évêché, se sont transportés chaussée de Noyon, où ils ont appris que les Décrets étaient appliqués.

Ils ont subi les ignobles injures qui étaient prodiguées à tout honnête homme assez courageux pour venir témoigner de ses sympathies envers les PP. Franciscains et affirmer ses convictions.

Un grand nombre d'autres ecclésiastiques s'étaient également rendus près du couvent.

Un vieux prêtre se rend au séminaire ; il est insulté, bousculé, maltraité. Un citoyen courageux le protège et le fait entrer chez lui dans le passage qui va de la chaussée de Noyon à la rue de Castille.

Le directeur de la Compagnie Singer se fait remarquer par son exaltation ; il crie à pleins poumons : « Vivent les Décrets ! Vive la République ! »

Durant l'expulsion des Pères, un individu portant un béret, ne cessait de s'écrier : « Quand on a servi son pays, et quand on a porté la giberne, on sait ce que c'est que tous ces Religieux-là, et on les déteste. » M. Le Revert, très honorablement connu dans notre ville et pour ses services militaires et pour ses services dans les finances, s'avança en entendant prononcer le mot de giberne, et dit : « Qu'est-ce que vous étiez vous ? —

Sergent. — Eh bien ! moi ! j'ai été vingt ans officier et je les respecte profondément ; Vivent les Pères ! »

L'homme au béret avait disparu...

A quatre heures un quart, en face la boulangerie Saint-Joseph, chaussée de Noyon, était un groupe formé de MM. Percheval frères, Masson, Guérard, Rousseau, etc.

Ces messieurs causaient entre eux.

Ils étaient surveillés par une bande qui, une demi-heure auparavant, avait accueilli par des injures un R. P. Franciscain, et s'était montrée irritée d'entendre à côté d'elle crier : Vive la Liberté !

Un individu se détache de cette bande et, s'adressant au petit groupe, dit : « Je suis fils de déporté et ancien zouave. Vous n'êtes que des c... qu'est-ce que nous faisons sur la terre? nous bâtissons des maisons, et ce n'est pas pour nous. Nous faisons du drap ; c'est pour le patron ; nous mettons de la toile, nous... Et après tout, si vous voulez une émeute, nous allons en faire une. Fonçons ! Fonçons ! »

En ce moment, les « partisans » administratifs, qui avaient assisté à l'expulsion des PP. Dominicains, arrivaient au faubourg de Noyon ; une poussée se produit ; c'est une cohue épouvantable ; trois cents personnes sont là pêle-mêle. Des coups de pied et des coups de poing pleuvent de toutes parts. M. Percheval a son chapeau aplati ; M. Rousseau est empoigné à la gorge ; M. Guérard est complètement acculé contre le mur et étouffé par la foule.

— Je me sens perdu ! dit M. Guérard s'adressant à M. Rousseau son ami ; tire-moi de là ; sauve-moi de là !

M. Rousseau tire en l'air un coup de revolver. La foule s'écarte.

Aussitôt, M. Rousseau quitte la chaussée de Noyon et gagne la rue Riolan ; mais il est suivi par quelques énergumènes et bientôt aussi par des sergents de ville.

Près du pont du chemin de fer, M. D... s'approche des agents : « Messieurs, dit-il, j'ai vu ce qui s'est passé ; je vous demande à vous accompagner pour faire ma déposition. »

Rue des Ecoles-Chrétiennes, M. D... s'adressant de nouveau aux agents leur dit : « Messieurs, je réponds du jeune homme que vous conduisez ; ne le traitez pas comme un malfaiteur ; lâchez-le, je vous prie. » Les agents laissèrent alors M. Rousseau marcher librement.

Au bout de la rue Saint-Denis, on prit une voiture pour se rendre au commissariat.

M. Rousseau fut immédiatement interrogé ; il déclara avoir été mis dans la nécessité, pour se dégager de la foule qui l'entourait, de tirer « en l'air » un coup de revolver. M. D... confirma la déclaration de M. Rousseau et dit qu'il était parfaitement vrai que ce jeune homme avait tiré « en l'air » et non sur la foule.

Quelques instants après on amenait au commissaire M. Guérard.

Voici dans quelles circonstances il avait été arrêté.

La foule croyant que M. Rousseau était réfugié dans la boutique du boulanger entoure la maison, criant : « Ces curés ont des revolvers! ils veulent que le sang coule. » L'irritation de cette foule était extrême ; une poussée énorme se produisait contre la devanture qu'on entendait craquer. Des gendarmes arrivent ; ils écartent la foule à coups de crosse et pénètrent dans la boulangerie. M. Guérard se trouvait dans la maison ; au bout d'une demi-heure les gendarmes sortent avec lui et le conduisent en voiture au commissariat : un gendarme était sur le siège, deux autres dans l'intérieur.

M. le commissaire central demanda tout d'abord combien de coups de revolver avaient été tirés.

— Un seul, répondirent les gendarmes.

— Nous avons le coupable, dit M. le commissaire.

M. Guérard fut aussitôt relâché.

Ajoutons que M. Rousseau eut à subir deux interrogatoires : l'un de la part de M. le procureur de la République, l'autre de la part de M. le Préfet.

M. Rousseau a été mis en liberté.

Vers quatre heures et demie, une trentaines de personnes accompagnaient un Père Franciscain chez M. le baron Alphonse de l'Epine.

Près de deux cents « partisans » administratifs suivaient le noble cortège criant : « Vivent les Décrets ! Vive la République ! Qu'on enlève le C... »

Les personnes qui accompagnaient les religieux répondaient par les cris de : Vive la liberté ! Vivent les Pères !

Sur le boulevard de l'Est, en face la rue de La Neuville, M. Albert Legendre qui se trouvait au dernier rang se retourna vers un individu qui était ignoblement agressif et qui criait : « C... » à la figure même du père ; il lui prend sa casquette, la jette par terre et s'écrie : « Ah ! tu appelles le père un C.. eh bien ! tu le salueras ! »

La foule poussa aussitôt des hurlements contre M. Albert Legendre; mais par l'énergie de son attitude et par l'aspect même de sa vigueur physique M. Legendre maintient les drôles jusqu'à la rue du Loup. De temps à autre pressé de trop près il s'arrête, montre le poing et la foule de s'arrêter.

Au bout de la rue du Loup, une autre bande de hurleurs, qui suivait un Père, fit perdre de vue M. Legendre.

Vers cinq heures, les séminaristes, revenant de la promenade, passèrent devant le couvent des Franciscains.

La foule se met à crier de suite : « A bas la calotte! — A bas les Jésuites! Vive la République! » et à suivre les séminaristes qui furent aussitôt accompagnés par MM. Amédée Jourdain, Bénard Loffroy, Baudouin, etc., etc.

En passant devant le couvent, l'attitude des séminaristes fut très belle d'énergie; ils répondirent aux insultes de la foule par les cris de : « Vive la liberté! Vivent les Franciscains! » qu'ils répétèrent en levant leurs chapeaux jusqu'à leur rentrée au séminaire.

Le concierge avait ouvert la porte pour faire entrer les séminaristes; mais elle s'était refermée sur lui; il dut soutenir un véritable siège de la part de tous ces bandits.

Vers la fin de l'après-midi le Père Laurent, que le commissaire, malgré ses instructions précises, avait laissé dans sa cellule, voisine de celle du Père Georges, où il avait fait une pose et une ascension si désagréable; le Père Laurent que ses prédications et son admirable charité avaient fait connaître de tout Amiens n'avait pas une place.

La foule paraissait avoir des instructions plus précises que M. le commissaire; elle savait qu'une des victimes promises à ses insultes et à ses outrages ne lui avait pas encore été livrée. Elle a attendu longtemps en criant : « Laurent! Laurent! il n'est pas encore sorti! Celui-là passera par nos mains! il est à nous; nous le tenons! à l'eau! »

A 5 heures 1|2, MM. Souëf, comte de Thannberg, Denis Gallet, Adolphe Dubosc et Georges Mollet se présentent à la porte de sortie du couvent et prennent congé du P. Georges.

En ce moment la foule occupait toute la chaussée, le trottoir vis-à-vis du couvent, et faisait la haie sur le trottoir même du couvent jusqu'à la chapelle.

Un brigadier, deux agents et un fonctionnaire gardaient la porte du couvent à l'intérieur, aucun agent de police, aucun homme de troupe dans la rue.

Les témoins sortent ; la foule s'ouvre pour les laisser passer, mais aussitôt elle se referme et les accompagne en poussant des cris sauvages : « Enlevez-les! Ecorchez-les! Tuez-les! Assomez-les! Tas de c...! de fainéants! Tas de Jésuites! A l'eau! » Il va sans dire que la *Marseillaise* et le *Beau Nicolas* ont été de la partie.

Toujours suivis par cette foule qu'on peut évaluer au moins à quatre cents personnes, les témoins arrivent place Saint-Denis, en suivant la chaussée et la rue de Noyon : ils avaient été rejoints au pont du chemin de fer par MM. Thibault Gamoune, A. de Puysieux, Ducatel.

Sur cette place la horde communarde devenait de plus en plus pressante et injurieuse; ces Messieurs s'arrêtent, se retournent, agitent leur chapeau et poussent plusieurs fois le cri de : *Vive la liberté!*

M. Fernand Aubert vient se placer à côté d'eux.

Sur tout le parcours, les commerçants se précipitaient avec leurs employés sur le seuil des magasins et exprimaient hautement leur indignation contre les « partisans » administratifs et encouragaient ces Messieurs en leur disant : « C'est un honneur pour vous. »

MM. Souëf et Dubos, entourés par des amis, sont reconduits chez eux, non sans difficultés, par la rue Robert de Luzarches.

Arrivés rue des Trois-Cailloux, près du Théâtre, MM. Edmond Douillet et Alfred de Puysieux sont tellement criblés de coups de pied, de coups de poing et de coups de canne par la foule qu'ils se décident à se jeter dans le couloir du Théâtre où leur entrée est protégée par MM. Georges Mollet et Fernand Aubry.

Les forcenés étaient tellement surexcités durant la marche qu'ils tentèrent de reprendre ces Messieurs en les arrachant par leurs vêtements.

Parmi les plus acharnés on remarquait trois jeunes gens portant le képi de l'école supérieure communale qui ne cessèrent de frapper à coups de canne.

Pendant une demi-heure ils attendirent devant la porte, poussant toutes sortes de cris.

Le propriétaire du café du Théâtre se montra des plus hospitaliers.

MM. Thibault-Gamounet, Denis Gallet, Ducastel et comte de Thannberg, ayant à cœur de savoir ce que devenaient leurs compagnons, s'adossèrent aux portes du théâtre; immédiatement, la foule les entoura ; quelques minutes après ils reprirent leur route poursuivis de nouveau avec une rage croissante.

En arrivant au passage de la Renaissance, M. Ducastel offrit à ses trois compagnons, l'hospitalité de la maison Jérôme Delarozière. Mais l'heure étant avancée, ils préférèrent chercher à rentrer chez eux.

Sur la place Périgord, ces Messieurs furent personnellement injuriés et pris à partie ; ils se virent contraints de se diriger vers la rue des Sergents ; là ils furent pressés de plus en plus, à partir de la maison Pollet-Machard.

Des forcenés, au milieu de l'obscurité qui règne toujours rue des Sergents, leur sautaient sur les épaules et les empêchaient d'avancer par mille moyens.

A la dernière extrémité, ces messieurs eurent juste le temps de se jeter dans la maison de MM. Bouland, près de la rue des Crignons.

Ces honorables négociants firent immédiatement fermer leur porte cochère : six personnes y suffirent à peine.

La foule continue ses vociférations pendant près d'un quart d'heure ; enfin, le poste de la Mairie qui avait été prévenu par madame Loffroy, envoya trois hommes, baïonnettes au canon, et dispersa ces misérables qui avaient pu compter, durant toute la journée, sur la tolérance administrative.

Une fois l'exécution terminée, une partie de la populace excitée par de nombreuses libations, devient de plus en plus aggressive contre ceux des catholiques qui sont restés auprès de la chapelle des Franciscains.

M. Poiret, avocat, s'étant avancé près de la porte du couvent est insulté et menacé par quelques bandits. M. Poiret se retourne et crie courageusement : « Vive la liberté ! » Des voyous se ruent sur lui, le poussent, malgré sa résistance, loin de la porte. Un Monsieur âgé veut lui porter secours ; il est également bousculé et frappé. Les cris augmentent ; une trentaine d'individus poursuivent M. Poiret ; les poings se lèvent ; une mêlée indescriptible s'engage. Fort heureusement beaucoup d'honnêtes gens interviennent et réussissent à soustraire aux « partisans » administratifs ceux contre lesquels ils s'acharnent.

Quelques minutes après se produisait une scène du même genre. M. Paul Demailly se trouvait seul au milieu d'une foule compacte. Un grand drôle s'approche du jeune avocat, l'interpelle en criant : « En voilà encore un qui va à confesse ! » — « Certainement, répond M. Demailly à voix haute, je suis catholique et je m'en fais gloire.» A peine a-t-il prononcé ces paroles, que notre jeune concitoyen, est entouré par un groupe hostile qui s'accroît rapidement, et devant une foule qui forme un véritable cercle. Les injures et les menaces s'élèvent: « A bas les calotins ! A bas les chapeaux ! Assommez-le ! » M. Demailly, très calme, regarde ces bandits qui hurlent autour de lui, ce cercle d'au moins deux cents personnes qui l'enveloppe et se resserre de plus en plus : « Respectez mes croyances ! » dit-il. Les cris redoublent, deux voyous vont, non sans une certaine hésitation, pour saisir M. Demailly, quand deux hommes de cœur fendent la foule et se placent à ses côtés, la canne à la main. L'un deux est décoré de la Légion d'honneur, l'autre, s'adressant à M. Demailly, lui dit : « Je viens vous défendre, Monsieur, c'est mon devoir, quand je vois un honnête homme ainsi attaqué par une bande de misérables. » Pendant ce temps, plusieurs jeunes gens et ouvriers avaient réussi à se mettre auprès de M. Demailly, pour lui porter secours. Devant cette attitude résolue, la populace effarée recule. M. Demailly peut se dégager; il s'éloigne escorté par ses courageux défenseurs.

BORDEAUX, mercredi 3 novembre.

Avant l'expulsion. — Depuis le 14 juillet, des amis dévoués veillaient au couvent le jour et la nuit.

La veille. — Comme le bruit s'était répandu le 2 novembre que les commissaires devaient arriver le lendemain, une quarantaine de Messieurs passèrent la nuit dans la bibliothèque; mais vers les huit heures du matin, ne voyant aucun agent de la police, ils ne restèrent que sept au couvent.

A onze heures, on apporta au R. P. Gardien la lettre d'un ami, prévenant que l'exécution aurait lieu à deux heures.

Le R. P. Gardien, envoya aussitôt avertir M. Rozat, M. Noailles et les autres défenseurs, qui avaient témoigné le désir d'assister à l'expulsion pour protester et protéger les Pères.

Les préliminaires de l'exploit. — Le mercredi 3 novembre de l'an X du troisième gouvernement qui a pour devise : « Liberté, Egalité, Fraternité », à une heure quarante minutes de l'après-midi, les rues de Pessac et de Ségur sont barrées par des gendarmes à cheval en tenue de campagne, et des sergents de ville en uniforme des jours de fête. Bientôt la compagnie des exécuteurs officiels arrivait devant la porte du couvent, rue de Pessac, 194. Environ cent trente hommes du 144e de ligne, en tenue de campagne, conduits par un capitaine, défilaient en même temps, par les boulevards, venant de la caserne d'Alsace, et se rangeaient sur deux lignes entre la porte du couvent et la rue de Ségur, afin de protéger les opérations. Le bataillon du 57e de ligne, caserné tout à côté du couvent, n'a pas été commandé pour descendre dans la rue; mais on nous assure qu'il était consigné.

Bientôt, le sieur Reverden, commissaire de police, spécialement délégué, accompagné du sieur Miressou, commissaire de police du IXe arrondissement, du sieur Caubet et de plusieurs agents de police, se présente à la porte.

Prévenus de l'attentat qui devait avoir lieu à deux heures au couvent des Franciscains, vingt-quatre seulement de leurs amis ont pu se serrer autour d'eux au moment de l'exécution. Ils se tenaient en deux groupes, l'un stationnant dans les cloîtres du côté de la rue de Ségur où l'on pressentait une escalade ; l'autre dans la loge du concierge, prêt à se porter avec le R. P. Gardien au guichet, si les envoyés du préfet annonçaient leur arrivée en sonnant à la porte.

Bientôt un bruit de porte qu'on essaye d'ouvrir, suivi d'un coup de sonnette, annonce que l'heure de l'exécution est arrivée.

Le R. P. Jérôme, Gardien du couvent, s'avance vers le guichet qu'il ouvre. Il est entouré de MM. Alexandre Bermond, Cazenave, Léon Noailles, Ferdinand Rozat. M. Reverden déclare qu'il est porteur d'un arrêté du Préfet de la Gironde, ordonnant la dissolution de la communauté et la dispersion des Religieux, et demande au R. P. Jérôme s'il veut bien lui ouvrir pour en entendre la lecture. Le R. P. répond qu'il n'a pas à ouvrir. Alors devant le guichet, M. Reverden, sous un parapluie, cherche à assujettir un lorgnon sur son nez, et déployant la feuille préfectorale donne lecture de l'arrêté. Sa voix essaye d'être douce ; mais son visage trahit une conscience qui n'est pas à l'aise.

Le P. Gardien répond alors en ces termes : « Nous vous refusons formellement l'entrée de cette maison, et si vous passez » outre, nous protestons contre l'attentat fait, en nos personnes, » à l'inviolabilité du domicile, au respect de la propriété, et » nous poursuivrons contre les auteurs et les exécuteurs de ces » attentats, les réparations civiles qui nous sont dues et l'application des peines édictées par la loi. Je requiers M. Rozat, notaire, de dresser procès-verbal de ma protestation en votre » présence. — Vous n'ignorez pas d'ailleurs que par le fait seul

» de l'attentat que vous allez commettre, vous tombez de plein » droit sous le coup de l'excommunication majeure. »

Les témoins du R. P. Gardien se sont découverts, quand il a prononcé ces dernières et solennelles paroles, accueillies par le silence et l'émotion du commissaire.

M. Rozat s'est alors présenté au guichet, s'est fait reconnaître du sieur Reverden et lui a déclaré qu'il allait dresser l'acte pour lequel il était requis et qu'il prenait pour témoins MM. Léon Noailles et Alexandre Bermond. Le sieur Reverden et ses suivants ont gardé le silence, et le R. P. Gardien a refermé le guichet.

Les agents se mirent alors à l'œuvre et frappèrent, à coups de marteau et de pinces, la porte donnant sur la rue de Pessac, porte qu'ils avaient vainement essayé d'ouvrir en forçant la serrure : elle fut sérieusement endommagée mais ne céda pas ; on avait cependant essayé de l'enlever avec son chambranle en sapant le mur.

Pendant ce temps, d'autres agents s'étaient dirigés du côté de la rue de Ségur, sur laquelle le couvent est fermé par un mur d'environ deux mètres cinquante de haut. Ils appliquèrent une échelle contre le mur; un des serruriers monté sur cette échelle était sur le point de perdre l'équilibre, lorsqu'il fut soutenu par un agent. Trois exécuteurs purent arriver ainsi dans une cour dépendant de l'immeuble : ils se trouvèrent alors dans le cloître inachevé du couvent, et pénétrèrent dans l'intérieur de la maison, après avoir ouvert, sur la rue Ségur, la porte à deux vantaux dont ils arrachèrent le cadenas.

Aussitôt les agents firent irruption dans le jardin, le commissaire en tête.

Le glorieux cortège s'avance. Un sergent de ville, de très haute taille, vrai Goliath de ces vrais Philistins, précédait trois hommes ceints d'une écharpe tricolore, suivis de plusieurs autres personnages moins marquants, et flanqués d'une grosse escorte de sergents de ville.

Quand le cortège passa sous les fenêtres, un courageux citoyen qui allait bientôt s'illustrer par sa résistance et se faire emporter par trois sergents de ville, M. Henri Coutausse, petit comme David, mais aussi courageux, lança au front des mécréants cette pierre du torrent : « Messieurs, vous êtes entrés par escalade ; nous vous avons vus ; nous protestons; le cas est aggravé. Aux voleurs ! Aux voleurs ! » Et le cri : « aux voleurs, » fut répété dans les cloîtres.

Au premier signal de la cloche les Religieux et leurs témoins s'étaient solidement barricadés dans les cellules.

En éntendant crier : *aux voleurs*, le R. P. Gardien, qui attendait au parloir que la porte d'entrée fût brisée, se hâta de gagner sa cellule ; il eut à peine le temps d'arriver avant les agents, et l'un de ses témoins, pour déjouer les poursuites, s'enfuit vers la chapelle, donnant ainsi au R. P. Gardien le temps de s'enfermer.

Ce témoin, M. Alexandre Bermond s'enfuit dans une chambre à la suite des parloirs où les agents le suivirent. Mais il avait eu le temps de faire jouer la serrure. Alors un des agents contrefaisant sa voix se mit à appeler doucement : Petit Frère ! petit Frère ! ouvrez vite ! — M. Bermond, qui sans doute se souvenait de la fable de La Fontaine, ne s'y laissa pas prendre. — Mettez-vous devant le trou de la serrure, que je puisse vous voir, leur cria-t-il. — Nous sommes joués ! se dirent entre eux les agents qui, en se promenant devant la cellule de leur prisonnier, répétaient de temps en temps : quelle triste besogne on nous fait faire !

Dans les cloîtres il ne se trouvait donc personne pour accueillir M. Reverden, qui fut obligé de se livrer à ses effractions et à ses perquisitions d'après ses seuls instincts. Deux portes du rez-de-chaussée furent enfoncées successivement ; ne voyant aucun Religieux, les agents montèrent au premier étage.

Ils rencontrèrent d'abord la pharmacie, enfoncèrent plusieurs portes de placards qu'ils prenaient pour des cellules, et arrivèrent enfin devant la cellule du R. P. Jérôme.

Cellule du R. P. Gardien.

Témoins : MM. ROZAT, notaire, NOAILLES, CAZENAVE.

La porte est solidement fermée. M. Rozat fait le procès-verbal.

On frappe. — Qui est là, dit le R. Père? — Le commissaire de police. — Je suis occupé, attendez un instant. — Ouvrez, vous dis-je, — et, comme l'on n'ouvre pas, on entend introduire le rossignol dans la serrure; mais elle n'était pas fermée ; le rossignol ne mordit pas; alors le serrurier changea d'outil.

Nouveau travail, même résultat.

On frappe sur le milieu de la porte qui, ne pouvant résister à des coups répétés et violents, vole en éclats. Un de ces éclats jaillit jusqu'au fond de la cellule et blesse le R. P. Jérôme au-dessous de l'œil.

Le commissaire de police apparaît alors, escorté d'agents en civil, puis d'une trentaine de sergents de ville.

S'adressant au Père, il lui demande qui il est : sur la présentation de ses titres de mandataire des propriétaires, M. Rerverden lui dit qu'il peut rester.

Reconnaissant M. Rozat, il ajoute en le désignant : — Monsieur, qui est notaire, restera comme conseil du R. Père. Quant à ces deux Messieurs (MM. Cazenave et Noailles) je les invite à se retirer. M. Noailles fait remarquer au commissaire la présence de deux individus qui n'appartiennent pas à la police. — Le commissaire donne l'ordre de les faire sortir. Mais ils protestent en prenant le titre de journalistes. Ce titre vrai ou faux leur suffit pour être laissés et par compensation les amis du P. Gardien sont mis à la porte. Par deux fois, M. Reverden ose demander au R. P. Gardien de vouloir bien lui faciliter l'exécution de son mandat (sic), en lui désignant les cellules habitées et en priant les Pères de ne pas le forcer à briser les portes.

Une troisième fois, le scribe de M. Reverden revient à la charge en s'adressant à M. Rozat et ajoutant pour clore sa requête : — Nous sommes les exécuteurs de la loi. — Vous n'êtes pas les exécuteurs de la loi, mais les exécuteurs d'un décret. — Je retiens l'expression, a dit le greffier en tournant les talons; elle figurera aux procès-verbaux.

Et nul n'a plus songé à renouveler les sollicitations auxquelles le R. P. Jérôme avait répondu dès la première fois : — Monsieur, il s'agit d'une question de liberté, chacun des Pères qui peuvent se trouver dans la maison, fera comme il l'entendra. Allez. — Et effectivement, livrés à eux-mêmes, M. Reverden et ses hommes ont dû aller à travers le couvent, opérant leurs basses-œuvres.

A chaque cellule, la police renouvelle sa sommation d'avoir à obéir à l'arrêté préfectoral et n'obtient pour toute réponse qu'une protestation énergique contre les attentats commis sous le prétexte d'exécuter des ordres arbitraires et illégaux. Chaque porte est enfoncée à coups de pince ; on n'essaye même plus de forcer la serrure avec le rossignol : les panneaux volent en éclats, au risque de blesser plus ou moins grièvement les Religieux et leurs témoins.

Cellule n° 1. — Fr. ADEODAT-MARIE, sous-diacre

Témoins : MM. PAUL BLAVIGNAC, pharmacien et H. COUTAUSSE.

Après en avoir fini avec le R. Père Jérôme, les crocheteurs passent à la cellule suivante :

Après sommations et refus d'ouvrir, la hache joue son rôle et la porte est brisée. Le Frère et les témoins protestent énergiquement contre la violation du domicile et laissent échapper ce cri d'indignation : — Ce que vous faites-là, est horrible ! — Nous avons la force ; cela nous suffit, dit le crocheteur.

Le commissaire invite les témoins à sortir et, sur leur refus, les agents reçoivent l'ordre de les chasser. Le premier appréhendé est M. Coutausse, qui se fait traîner et se cramponne à tous les objets qu'il rencontre. M. Blavignac se déclare pharmacien et chargé de soigner le Frère, depuis longtemps malade.

— Où est votre diplôme ? demande le commissaire. — A la Faculté. — Quel est votre nom ? — Vous le trouverez sur le diplôme. — Le commissaire consent à laisser le témoin. Celui-ci le prie de prendre en considération l'état de santé du jeune Religieux et d'avoir tous les égards possibles pour lui. Le commissaire d'un air piteux s'adresse au Frère et lui donne signification du décret d'expulsion.

— Je ne sortirai d'ici que par l'ordre de mon Supérieur.

L'agent officiel demande alors avec sympathie au pharmacien si ce bon Frère aura la force de marcher ou s'il faut le faire porter. — Il paraissait ému devant la candeur du jeune Religieux. Celui-ci répondit : — Je me sens encore la force de marcher, mais je ne sortirai que sur l'ordre de mon Supérieur.

La consigne était bien sévère puisque, malgré son émotion, le commissaire ordonne l'expulsion de l'innocente victime. Le plus jeune Religieux de la communauté fut ainsi le premier qui dut affronter les regards de la foule.

Cellule n° 5. — R. P. PAUL MARIE, Custode de la Province,

Témoins : MM. MAGE et CASIMIR CÉLESTE.

A la demande d'ouvrir, le Père répond : — Je n'ouvre pas sans savoir qui est là. On réplique : — Le commissaire. — Je n'ouvre pas. — Ordre est donné d'enfoncer la porte, et celui qui doit faire cet acte héroïque est tellement pressé d'obéir, qu'il ne semble pas même avoir attendu le commandement pour donner le premier coup. Une brèche est faite dans la porte, une tête se montre, puis un bras essaye de faire tourner la clef ; mais le crocheteur a un scrupule, il semble craindre l'eau bénite : (ce n'était pas sans motif !) car avant de toucher à la clef, il s'assure que le bénitier est bien fixé au mur.

Enfin les agents pénètrent dans la cellule. Le commissaire demande quels sont les Messieurs qui se trouvent avec le Père. — Ce sont des amis que j'ai invités à venir chez moi, pour être témoins et protester contre la violence qui m'est faite. — Oui, nous protestons, a dit M. Mage... *La belle chose que vous faites !*

— Oh! a répondu un individu, nous savons à quoi nous en tenir maintenant, c'est bien inutile ce que vous dites là.

M. le commissaire ordonne à ces Messieurs de sortir. — Nous ne sortirons que par la force. Alors les agents les appréhendent. Mais au moment où l'on allait mettre la main sur lui, M. Mage fait un pas dans l'intérieur de la cellule : — Mon Père, me commandez-vous de sortir? — Non!! lui fut-il répondu. — Alors je ne sors pas; et l'ordre d'appréhender M. Mage est réitéré.

Les commissaires demandent au R. Père son nom, son âge, son pays; les charges qu'il a dans l'Ordre. Il répond simplement : Je suis prêtre.

Il est sommé une seconde fois de sortir : — Je ne sors pas, réplique-t-il. Je proteste que je ne sortirai que devant la violence, et que je m'arrêterai lorsqu'on cessera de me faire violence.

Violence lui fut faite.

Pendant qu'il conduisait son captif, l'agent poussait de temps à autre des soupirs étouffés, et avait des larmes dans les yeux.

« Non, je n'aurais jamais cru, écrit le R. Père empêché de sortir par la porte habituelle, qu'on m'aurait mis hors de *mon domicile*, comme des complices font évader un malfaiteur, pris en flagrant délit, pour le soustraire à la main de la Justice. Et pourtant c'est bien ce qui nous est arrivé. C'est par une porte dérobée, qu'ils nous ont fait sortir, pour nous soustraire aux regards de nos amis indignés. Voilà, mon cher ami, ce qui s'est passé dans la journée d'hier. Jour néfaste, qui doit terriblement peser sur la conscience de ces hommes, si toutefois... A leur place je n'oserais plus prononcer le mot de liberté! : je croirais blasphémer. »

Cellule n° 9. — Père HUGOLIN, Vicaire du Couvent.

Cinq témoins se tenaient prêts à faire respecter les droits d'un citoyen français. C'étaient MM. l'abbé Videau, vicaire de la paroisse Sainte-Eulalie, Lachappelle, Dutillac, Comolet et Dufour.

Avant de frapper, un membre du cortège des crocheteurs, qui sans doute aspire à s'élever dans le Gouvernement, saute à l'imposte et retombe lourdement en disant aux commissaires : — Ici! il y a du monde.

On frappe. — Je suis le commissaire de police. Ouvrez.

Le Père Hugolin : — Je ne vous connais pas et je n'ai jamais fait de mal à personne.

— Ouvrez. Je viens faire exécuter le Décret qui prononce la dissolution de la congrégation non autorisée des Franciscains, et exécuter un arrêté d'expulsion de M. le Préfet de la Gironde. Ouvrez.

— Je vous ai déjà dit que je ne vous connais pas.

— Si vous n'ouvrez pas, vous m'obligerez à faire enfoncer votre porte. Dites, voulez-vous ouvrir ?

Le Père ne daigne plus lui répondre.

— Allez ! dit le commissaire au serrurier.

La porte, solidement barricadée, résiste ; on l'attaque par le milieu, et le panneau supérieur est battu en brèche. Coups sinistres, qui re répercutaient dans le cœur comme un écho de 93. Bientôt le serrurier passe la main par la brèche et examine la serrure. Alors il fait entrevoir sa triste figure et prononce ces paroles étonnantes. — Voulez-vous donner votre clef?

Le Père Hugolin ne répond rien.

Nouvelle demande du serrurier : — Voulez-vous donner votre clef ?

Nouveau silence.

Un coup de pince agrandit l'ouverture. — Voulez-vous donner votre clef, oui ou non ?

Même silence.

Tout le panneau supérieur est alors démoli ; le serrurier furieux passe la pince ; d'un seul coup il arrache la serrure qu'il n'a pas crochetée, renverse un volet qui était arc-bouté contre la porte, l'ouvre, écarte lui-même les morceaux de bois, et fait place pour le passage de MM. les intrus.

Victoire ! force était restée à l'illégalité !

Celui des commissaires qui commandait en chef l'expédition se découvre et dit d'une voix doucereuse :

— Je suis le commissaire de police, Messieurs, que faites-vous ici ?

Le P. Hugolin lui répond :

— Ces Messieurs sont mes amis. Je les ai invités à passer la soirée avec moi.

— Messieurs les laïques (sic), veuillez sortir.

M. l'abbé Videau prend alors la parole.

— Monsieur, nous protestons au nom de la liberté, de l'honneur et de la religion. Nous ne sortirons que si ce bon Père nous prie de le faire.

Faites sortir ces Messieurs, dit le commissaire.

Et des sergents de ville poussent dehors les témoins.

Le commissaire chef se découvre de nouveau, roucoule sa romance, — et en lisant son mandat : Je suis... je viens... etc...

Un greffier s'approche alors du Père Hugolin.

— Monsieur, quel est votre nom?

— J'ai affiché ma carte d'électeur sur ma porte, à l'extérieur; vous l'avez vue; si en enfonçant cette porte, vous avez déchiré cette pièce significative, tant pis pour vous.

Après avoir parlementé, il fallut cependant décliner nom, prénoms, nom de religion, âge et lieu de naissance.

— Avez-vous quelque chose à emporter? demande le chef.

— Oui, ce petit sac.

— Prenez-le, et partez.

— Non.

— Vous ne voulez pas partir?

— Non; je ne céderai qu'à la violence.

A ces mots le greffier pose délicatement sa main sur l'épaule du Religieux. Celui-ci reste assis. Le greffier le regarde avec étonnement et demande :

— Ça ne suffit pas?

— Non, non, non, certes, réplique vivement le Père Vicaire; je ne partirai que par la force.

— Brigadier, commande le commissaire, emmenez monsieur.

Le Religieux, saisi par le bras, se lève. Avant de franchir le seuil de sa cellule, il se retourne et dit : — Messieurs, en 1870 j'ai vu les Prussiens, je les ai vus de bien près; et ils ne m'ont pas traité comme vous le faites!

A la porte de la cellule, le brigadier ne poussant plus le religieux, celui-ci s'arrête.

— Avancez, lui dit un commissaire.

— Non, je n'avancerai que par la force.

Le brigadier le conduit jusque dans la rue, pour le plus grand bien de la R. F. et la plus grande affirmation de la liberté.

En descendant l'escalier, le Religieux dit à l'agent : — Vous êtes marié, mon pauvre ami? — Oui, monsieur. — Vous avez des enfants? — Oui monsieur. — Eh bien, vous faites une triste besogne, et je vous plains. — Je le comprends, répondit le brigadier qui tremblait de la voix et de tous les membres.

Aux cris de *vive la liberté! vivent les Pères!* vive le Père Hugolin! le Religieux est reçu par ses témoins et de nombreux amis qui lui baisent les mains et demandent sa bénédiction.

Puis ses témoins et d'autres catholiques le conduisent chez un ami, rue François-de-Sourdis, au milieu de rassemblements sympathiques.

C'est dans ce trajet que le Religieux persécuté est rencontré par deux officiers de hussards qui le saluent à plusieurs reprises et avec une affectation qui montre toute l'horreur que leur inspire le Vandalisme civilisé.

Cellule du Père Benoît

Témoins : MM. LABAN, curé de Saint-Maixent, et BEUSCHER.

« Un de mes témoins, raconte ce Père, proposa de réciter le chapelet. A genoux, nous priâmes Marie de nous bénir, d'arrêter le courroux de son Fils irrité contre la France coupable... Puis silence, attente calme et résignée. »

Les coups de hache ébranlaient les portes de nos confrères : « Mon Père, pardonnez leur, ils ne savent pas tout le mal qu'ils font. » C'était notre secrète prière. Nous entendions aussi les agents de police désigner les cellules qui contenaient des victimes. Enfin notre tour arriva. »

Nous avions décidé, dit un témoin, que l'accueil que nous devions réserver à de pareilles gens, devait être l'indifférence et le dédain : telle a été notre conduite. On frappe à la porte ; on l'enfonce, on lit le décret d'expulsion, sans avoir reçu un mot de réponse de la part du Père et de ses témoins, qui ne semblent pas même remarquer la présence des nouveaux venus.

Etonné d'une telle réception, le commissaire adresse aux témoins cette phrase stéréotypée dans sa bouche!

— Messieurs, que faites-vous ici?

M. le commissaire s'aperçoit que ces Messieurs ne se découvrent pas.

— Monsieur dit-il à l'un d'eux, vous voyez que je vous parle tête découverte, il me semble que vous pourriez en faire autant. Celui à qui il s'adressait voulut bien se rendre à son invitation. Quel droit avaient ces malfaiteurs publics à réclamer pour eux une marque de politesse?

M. Reverden n'en fait pas moins mettre à la porte les deux témoins. Le Religieux, seul avec ces ennemis policés, dit avec calme au commissaire : Monsieur, vous me traitez comme un criminel, quel crime ai-je donc commis? Vous accomplissez une besogne ignominieuse. Déjà vous devriez en éprouver le repentir.

La contenance du commissaire n'était pas fière ; il se contenta de répondre : — Avez vous quelque paquet à prendre? Agent, faites sortir Monsieur.

« Comme je me trouvais le dernier expulsé, dit le Religieux, je jetai un coup d'œil désolé sur ces tristes cellules désorma veuves de leurs paisibles habitants. Me tournant alors vers celui qui avait la corvée de me mettre hors du couvent, je lui dis avec pitié : — Hé! qu'est-ce que vous faites-là? — Ah! Monsieur je le sais bien, c'est à contre-cœur, je vous assure, mais enfin... — Voyez, continuai-je, vous êtes les gardiens de la paix, et voilà que vous ameutez le peuple contre des innocents. » Mon homme avouait tout ce que je voulais... La crainte de perdre avec sa place le droit à quelque retraite a retenu sans doute plus d'un cœur généreux. »

Cellule n° 13. — P. CHRYSOSTOME.

Témoins : MM. COMBÈS aîné, architecte, et RABALAND, rentier.

M. le commissaire frappe à la porte : on ne répond pas.

— Je suis le commissaire de police...

— On n'entre pas!

— ... Délégué de M. le Préfet pour vous notifier un arrêté d'expulsion...

— Je ne suis pas un malfaiteur.

— ... Veuillez nous ouvrir.

— Non, Monsieur, on n'entre pas.

Le commissaire donne alors l'ordre d'enfoncer. Après quelques coups de massue, la porte cède.

— Monsieur le commissaire, je prends ces Messieurs à témoin de vos actes de violence. Je suis citoyen français, je proteste comme tel.

M. le commissaire, chapeau bas, prie les témoins de sortir.

— Et moi, Messieurs, je vous prie de rester. Je vous ai invités, j'ai le droit de vous garder.

— Messieurs, dit le commissaire, je vous invite à sortir.

— Nous ne céderons qu'à la violence. Et sur ce, des agents reçoivent l'ordre de les emmener.

Le commissaire, qui jusqu'alors était resté à la porte de la cellule, entre et de sa voix la plus mielleuse :

— Voudriez-vous, je vous prie, nous donner votre nom?

— Je suis citoyen français!

— Oui, Monsieur, mais veuillez nous donner votre nom. Ceci ne change rien *à la chose*.

— Monsieur, je suis citoyen français.

Les exécuteurs des hautes œuvres se consultent des yeux : ils recommencent à supplier. Les escaladeurs et les briseurs de portes qui *supplient*. N'est-ce pas le comble du ridicule ?

— Mais, Monsieur, les autres Religieux n'ont pas fait difficulté de donner leur nom.

— Montrez-les.

Et M. le commissaire s'empresse de mettre sous les yeux du

Père, avec une complaisance naïve, les noms des Religieux expulsés, et pousse la condescendance jusqu'à les lire lui-même.

Alors, le Père donne son nom.

— Et votre nom de Religieux, s'il vous plaît?

— Je n'ai rien à vous répondre.

De nouveau ces messieurs se consultent des yeux et on passe outre.

— Et maintenant, Monsieur, si vous avez besoin de prendre quelque chose avant de sortir...

— Monsieur, je n'ai rien à prendre, et je ne sortirai pas.

Après diverses sommations faites d'un ton suppliant, les agents reçoivent l'ordre de mettre la main au collet, et le Père est mis à la porte.

Cellule du T.-S.-Sacrement n° 14.

P. ALPHONSE et Fr. LOUIS.

On a circulé tout autour de cette cellule qui se trouve au milieu des autres. Providentiellement, elle a la dernière visite des agents. Notre-Seigneur y réside : on l'a transporté chez le Père propriétaire, afin qu'il soit mieux entouré pendant le sacrilège attentat, et qu'il donne lui-même, par sa présence, force et courage aux Religieux chassés de leur saint asile.

Jésus a protégé le combat jusqu'au dernier moment. Sa cellule est violée la dernière.

Étaient témoins : MM. l'abbé Philippeau, vicaire de Sainte-Eulalie, M. Bourrec, syndic du couvent, M. Bonnin, M. Michel et M. Dinety.

Le commissaire frappe à la porte. Qui est là? demande le Père.

— Le commissaire de police.

— Que venez-vous faire ici?

— Notifier de la part du préfet l'exécution des Décrets...

— Oui, les Décrets du 29 mars, complotés aux approches du vendredi-saint, si je ne me trompe, comme l'arrêt de Pilate contre Jésus. Je ne les reconnais pas.

— Voulez-vous ouvrir?

— Non, et je proteste contre toute violence...

Par respect pour le Saint-Sacrement, le Père n'avait pas barricadé sa porte : il espérait le crochetage. Mais aussitôt qu'il a achevé de parler, un coup de massue fait voler la porte en éclats. Le Maître ne voulut pas être mieux traité que ses disciples.

Le Fr. Louis veut alors protester. M. le commissaire refuse de l'entendre.

— Que faites-vous ici? dit-il aux témoins.

— Nous gardons le Saint-Sacrement.

— Partez, votre mission est finie.

M. Bourrec veut montrer ses titres de mandataire des propriétaires absents. Il n'est pas même écouté. Et tous les laïques sont expulsés.

M. l'abbé Philippeau, au moment où on allait l'appréhender, s'écrie vivement :

— Je proteste au nom de la liberté, dont vous parlez tant, messieurs, mais que vous respectez si peu ; au nom de mon Dieu, présent dans le Saint-Sacrement et dans la cellule de mon ami le Père Alphonse. Je resterai ici, monsieur le commissaire. Certes, c'est bien le temps ou jamais de prier à deux genoux le Dieu que vous irritez.

Le commissaire cède, et laisse gardien du Très-Saint-Sacrement M. l'abbé Philippeau. — Alors, le P. Alphonse consentit à aller chercher le R. P. Gardien, ce qu'il avait refusé jusque-là au commissaire pour ne pas laisser le Saint-Sacrement sans la présence d'un prêtre qui fît réparation.

Les PP. Jérôme et Alphonse, les FF. Silvain et Louis, infirme, furent laissés au couvent.

Mais, le lendemain, le Fr. Louis, malgré ses infirmités, devait recevoir de la part du Préfet l'ordre de se retirer.

Les scellés furent apposés sur les portes de la chapelle.

Au moment où le commissaire de police allait se retirer, Me Rozat l'interpella pour savoir s'il avait constitué un gardien des scellés. Après un colloque de quelques instants, le sieur Reverden déclara qu'il n'avait rien inséré à ce sujet dans son procès-verbal et qu'aucun Père n'était chargé de la garde des scellés : ce dont il fut pris acte par Me Rozat, en présence des deux auxiliaires du commissaire, du Père Jérôme, et de M. l'abbé Philippeau, vicaire de Sainte-Eulalie, témoins.

L'attentat a duré trois heures. La foule était compacte au dehors. Elle s'empressait auprès des expulsés pour leur témoigner toute sa sympathie.

Les témoins des Pères étaient : MM.

Alexandre Bermond, négociant, demeurant à Bordeaux, boulevard de Caudéran, 318.

Albert Beuscher, place Saint-Pierre, 9.

Paul Blavignac, pharmacien, rue Brun, 4.

Jacques Bonniu, négociant, rue de Ségur, 93 (*bis*).

Auguste Bourrec, propriétaire, rue Brun, 4.

Jacques Vidal, plâtrier, cours d'Albret, 90.

Casimir Céleste, cours d'Aquitaine, 8.

Jean Cazenave, négociant, rue des Trois-Conils, 47.

Pierre Combès aîné, architecte, rue François-de-Sourdis, 81.

Henri Comolet, étudiant, rue Saint-Genès, 48.

Henri Coutausse, employé de commerce, boulevard de Talence, 143.

Jean Dinety, graveur, rue Porte-Dijeaux, 6, domicilié rue du Tondu, 136.

J. Ducot, rentier, cours Champion, 51.

Louis Duffour, étudiant, rue François-de-Sourdis.

Pierre Dutillac, sans profession, rue des Trois-Conils, 47.

Louis Gourreau, sans profession, cours d'Aquitaine, 64.

Laban, curé de Saint-Maixent.

Lachapelle, négociant, à Talence.

François Michel, sans profession, rue Ambroise, 13.

Émile Mage, sculpteur, rue Saint-Genès, 61.

Léon Noailles, sans profession, rue d'Albret, 11.

Philippeau, vicaire à Sainte-Eulalie.

Jean Poumarède, sans profession, à Bordeaux.

Louis Rabalaud, propriétaire, cours d'Aquitaine, 48.

Me Ferdinand Rozat, notaire, cours du Jardin-Public, 76.

Enfin Videau, vicaire à Sainte-Eulalie.

BOURGES, jeudi 4 novembre.

A Bourges, le jeudi 4 novembre, dès 6 heures du matin, toutes les rues adjacentes au couvent des Franciscains sont cernées par une compagnie d'infanterie. Les brigades de gendarmerie de Bourges et celles des environs, venues exprès, sont postées auprès de la porte, et reçoivent les instructions.

A six heures et demie, un *coupé* amène le commissaire central et l'inspecteur de police, avec un autre agent. L'omnibus de l'hôtel de la Boule-d'Or suit immédiatement apportant les démolisseurs, 8 ou 10 voyous, et leurs instruments.

Une noble et nombreuse couronne de défenseurs avertie descend vers la cour (1). Le Frère portier se présente immédia-

(1). Nous devons nommer surtout parmi nos défenseurs : M. Georges de Bengy de Puyvallée, officier de l'armée de réserve ; MM. Antoine et Anatole de Bengy, ses frères ; M. de Bengy, père, et M. Paul de Bengy, tous deux frères du P. de Bengy, Jésuite martyrisé à la Commune, et du P. de Bengy, carme déchaussé, expulsé déjà du couvent de Bordeaux ; M. le vicomte de Brimont, beau-frère de ces mêmes Religieux de Bengy ; M. de Brimont, fils ; M. de Berville, ancien zouave pontifical, l'un des plus

tement : « Que voulez-vous, monsieur? » dit-il au commissaire. M. George commissaire répond : « Au nom de la loi, ouvrez! » A ce moment retentit la grande cloche du couvent qui donne l'alarme, et dénonce au voisinage l'attentat qui se commet. « Monsieur, continue le portier, veuillez attendre une minute, je vais prévenir le R. P. Gardien : — Ouvrez, vous dis-je... une fois!... deux fois!... trois fois!... Voilà les trois sommations !... Enfoncez! » M. George, pour se donner de l'assurance, sans doute, était plein de fureur. Aussitôt les coups de marteau retentissent. Le R. P. Gardien qui pendant ce court dialogue, n'a pas eu le temps de placer une parole, se retire avec M. de Verdon. Tous les Religieux et leurs amis se rendent dans les cellules.

La porte d'entrée était solide, bien barricadée, et résistait vigoureusement. Une demi-heure d'efforts ne l'ébranla pas. On parvint seulement à scier, puis à agrandir une ouverture dans le bas. Cette opération fut inutile, comme nous allons le dire, mais n'importe. Il fallait briser. Les gendarmes étaient déjà depuis longtemps dans la maison, que l'on entendait encore le sec retentissement des coups impuissants du marteau. Impatients, les forcenés tentent une autre voie : ils montent à l'assaut d'un portail qui se trouve à côté du couvent. La porte

ardents champions des œuvres catholiques; M. le vicomte Alphonse de La Guère; M. Périgny, rédacteur du *Courrier du Berry*; et son fils; MM. Paulin et Henri de Grossouvre, dont le premier est directeur du *Courrier du Berry*; M. de Verdon, avocat général, démissionnaire avant l'exécution des Décrets et conseil des Pères; M. Durand, huissier, fidèle pendant quinze jours au poste de garde, dont le commissaire n'a pas voulu entendre les réclamations, et qu'il a expulsé l'un des premiers; M. Micallef; M. Pène; M. Coty; M. de Saint-Phalle; M. Bondoux; M. de Bois-Marmin; M. Thomas, avoué; M. de Boissoudy; M. de Pont; M. Augier de Mont Grenier; MM. Pigelet; MM. de Bonnault; le jeune M. de Lapparent; M. de Mackau; M. d'Haranguier, archiprêtre de la cathédrale, et M. d'Haranguier, colonel; M. de Chaumont-Quitry; M. Gérard; M. Pierre, conseiller municipal, juge au tribunal de commerce; M. du Hail, ancien conseiller à la cour d'appel de Bourges; M. Maltier, notre dévoué syndic; MM les aumôniers militaires; M. Geoffroy; M. Gonet, avoué; M. Henri Ponroy, avocat, ancien sous-préfet démissionnaire : MM. Jouslin, avocat; de Goy, Parnajon, Brissé, Tripault, comte de Bourbon de Lignières.

Que d'autres dévouements notre reconnaissance voudrait dévoiler. Mais nous ne le pouvons pas! faut-il qu'en ce temps-ci le bien soit obligé de se cacher! faut-il qu'on ne puisse impunément signaler les braves, sans que la louange et la gratitude soient une délation!

Nous ne devons pas cependant passer sous silence les sympathies de bon nombre d'officiers, qui ne pouvaient, on le comprend, se manifester hautement, et que nous ne pouvons désigner d'une façon plus claire. L'armée française, si bien en situation de comprendre le dévouement religieux, montre qu'on la trouve toujours au chemin de l'honneur et du dévouement.

est vite arrachée; mais derrière, se trouve une barricade de fagots. A peine des voyous en ont-ils enlevé quelques-uns que le commissaire central, pressé d'accomplir son abominable besogne, monte sur l'échelle, et passe par la trouée, suivi du commissaire de police, et d'ouvriers porteurs de pinces et de haches.

A l'intérieur, les portes sont aussi barricadées, mais elles n'offrent pas une grande résistance.

Le R. P. Gardien qui se tenait dans les cloîtres intérieurs avec M. de Verdon et quelques autres défenseurs, est tout étonné de voir le commissaire central sortir de la cuisine et venir le trouver. Il entendait encore, partant de la rue, les coups de marteau des pionniers de la nouvelle civilisation, il devait faire fermer la seconde porte d'entrée, et même une troisième afin d'amuser davantage les crocheteurs. L'adresse et l'agilité de M. le commisaire à escalader les fagots lui épargnèrent cette peine. Le commissaire central lit l'arrêté du préfet Mahias. Le R. P. Gardien avait préparé une protestation pleine de force et d'énergie sans doute, mais plus pleine encore de la mansuétude chrétienne et de la charité séraphique. Il dénonçait à tous les malheureux et coupables complices du forfait, la peine et les effets de l'excommunication encourue par eux. Mais il leur assurait aussi, dans quelques paroles d'une émotion vraiment saisissante, qu'il ne conservait contre eux aucun sentiment de haine, et qu'il ne désirait qu'une chose : leur retour à Dieu. Lui-même voudrait être le ministre du pardon et de la réconciliation. Le P. Jean-Joseph terminait à peu près de la sorte : « Il y a dix ans, j'étais déjà Supérieur de cette maison : j'ai mis le couvent à la disposition de nos soldats : il a été une caserne et une ambulance : un de nos jeunes Religieux est mort, atteint de la petite vérole, victime de son dévouement à nos soldats malades. Au bout de dix ans, monsieur, je me retrouve à la tête du même couvent. Je ne m'attendais pas à en être chassé par vous. L'histoire jugera, et Dieu aussi! »

Voilà ce que M. George aurait dû entendre : mais il n'avait pas le temps. Il demande où sont les cellules. « Cherchez! » lui fut-il répondu. Il venait de passer devant l'escalier libre qui conduit au premier étage, c'est-à-dire aux cellules des Religieux; mais la préoccupation l'avait empêché de le voir. Embarrassé, il se dirige vers le jardin pour reconnaître son terrain, il rentre enfin dans les cloîtres du côté opposé à celui par où il était entré, il se trouve en face de la porte de la sacristie. La clef est à la serrure. M. le commissaire n'a donc qu'à ouvrir. Il n'en prend pas la peine; il fait enfoncer la porte. Il remarque, bientôt après, un escalier barricadé; il se dit que c'est là que se sont retirés les Religieux. Sa présence d'esprit ne lui permet pas de songer que le chemin barricadé ne peut être celui par lequel on passe. Il ordonne donc de déblayer le terrain. Chose difficile! La patience de MM. Antoine et Georges de Bengy, avait rendu les difficultés inextricables.

M. le commissaire, impatienté, fait enlever dans une maison voisine des échelles qu'on lui refuse, et ordonne à ses agents de pénétrer dans les cellules par les fenêtres : ce moyen, vous le savez fort bien, convient à ces espèces de *chevaliers* qui s'introduisent où ils ne doivent pas. C'était bien fait à ce pauvre M. George, qui d'en bas, encourage les ouvriers d'une voix haletante : « Enfoncez les fenêtres! allez-y carrément! » Mais la consigne se répand à l'intérieur : « Ils vont aux fenêtres, fermez les contrevents ». Ce qui se fit partout ou on le put, et où le danger se manifestait. Mais quelques cellules n'ont pas de contrevents. La manœuvre est changée, on dirige les échelles du côté où il n'y a pas de défense. Un ouvrier s'impatiente et s'écrie : « Ces brigands de civils! Vont-ils nous faire rester là longtemps? » Un des témoins qui se trouve au premier étage, à l'une des cellules, répond : « S'il y a des brigands ici, ils sont en bas et non en haut. » L'ouvrier se tut.

Les fenêtres volent bientôt en éclats ; les ouvriers pénètrent par ces modestes lucarnes. Tout est ouvert, la tourbe policière se répand partout.

Le couloir sur lequel règnent toutes les ouvertures des cellules est encombré par les commissaires, les gendarmes et les démoliseurs ; mais on n'entend qu'une voix, celle du commissaire central qui crie : « Tapez fort. Allez-y carrément. » Puis des coups de hache et des portes qui tombent brisées. C'est sinistre. C'est une scène de Vandale, telle qu'il ne s'en est jamais vu de semblable en pays civilisé.

Toute chambre fermée est enfoncée ; nulle part les agents ne frappent à la porte... sinon à coups de massue ; nulle part ils ne demandent s'il y a quelqu'un ; tout vole en éclats sous leurs aveugles coups. Chose affreuse ! c'est un jeune homme de quinze à seize ans, qui est toujours à la tête des voyous, pour donner l'exemple aux autres.

Un instant le féroce commissaire s'adoucit : un Religieux proteste en qualité de propriétaire. La fureur cesse aussitôt ; ce fut le seul moment de politesse.

« Seriez-vous Monsieur de Champgrand (1) ? dit-il au Religieux.

— Non, monsieur, mais je suis néanmoins propriétaire ici, et je proteste contre l'acte inqualifiable que vous venez de faire. »

A ces mots, la fureur reprend le dessus. Le commissaire ordonne l'expulsion. La voix d'un ami et témoin se fait entendre.

« Emmenez Monsieur immédiatement, s'écrie le commissaire.

— Je m'appelle de Bengy, répond le défenseur au gendarme qui venait le prendre, je suis le neveu du père de Bengy, qui a été assassiné avec les gendarmes à la rue Haxo. »

Un second témoin, M. de Berville, proteste aussi ; il est emmené. En sortant, il voit à la boutonnière du commissaire central un ruban rouge. « Vous êtes comme moi, lui dit-il, décoré de la médaille de Saint-Grégoire.

— Non, monsieur, c'est la décoration de Saint-Lazare ; elle est verte. »

M. George avait oublié la couleur de son ruban ; il n'était plus capable de la distinguer.

Un détail à noter : M. de Berville veut entrer chez lui, car il demeure près du couvent. On l'empêche de pénétrer dans sa maison, sous prétexte qu'il « n'en aurait pas dû sortir ».

Pendant ce temps-là, le commissaire ordonnait au Père propriétaire de sortir, et le gendarme l'en priait instamment :

— Je n'ai pas d'ordre à recevoir ici, répond le Religieux, je suis le maître.

— C'est moi qui suis le maître, reprend le commissaire.

— Non, monsieur, c'est moi ! et je vous déclare que je saurai faire valoir mes droits devant la justice au civil et au criminel. Nous avons dix ans, monsieur, pour nous retrouver. »

Il paraît que le Préfet a eu peur de cette menace, il est très fâché d'avoir expulsé un propriétaire ; il vient de signer sa réintégration au couvent. Il n'en sera pas quitte pour si peu. Il faut un exemple aux criminels de tous les temps.

Tous les Pères et les Frères, enfermés dans leurs cellules, avec des amis de la ville, dont un grand nombre avaient couché longtemps sur la paille, dans d'étroites cellules, refusent de sortir et sont expulsés avec violence. Les Religieux sont gardés à vue dans une cour, et leurs défenseurs sont expulsés dans la

(1) M. l'abbé Ferdinand Labbe de Champgrand est le généreux fondateur de notre couvent de Bourges. Il était aussi le fondateur du couvent des PP. Jésuites. La mort vient de frapper notre cher bienfaiteur. Il n'a pu survivre à la douleur de voir fermer ses couvents, l'œuvre privilégiée de sa vie. Nous demandons à nos amis de vouloir bien joindre leurs prières aux nôtres pour ce regretté et illustre prêtre de Bourges.

rue. Ceux-ci immédiatement se portent sur le chemin de la cathédrale où les Pères doivent se rendre. Le commissaire annonce aux Religieux qu'il va procéder à l'appel nominal (1). (Il avait eu soin de venir prendre les noms à l'avance.) Un Père s'écrie : « Répondra à l'appel qui voudra ! » Il n'avait pas à cacher son nom ; mais il tenait à le signifier par voie d'huissier. Le commissaire irrité de voir des Religieux ne pas s'incliner humblement devant ses *firmans* et se moquer un peu de lui, prétend à l'immunité et dit qu'il représente le Gouvernement et la loi. « Comment, monsieur, lui fut-il répondu, vous osez parler de la loi? Mais il n'y a ici que vous pour la violer. Oui, vous représentez le Gouvernement, et vous le représentez bien ; mais vous ne représentez pas la loi. »

A la sortie des Pères, quelques voyous et quelques gamins payés à cet effet (car ils étaient arrivés à cinq heures et se trouvaient en dedans du cordon militaire qui maintenait l'ordre, tandis que les honnêtes gens avaient été refoulés au loin) crièrent faiblement : « Vivent les Décrets ! » Sûrement ils n'ont pas gagné leur argent.

L'amabilité de M. le commissaire avait eu soin de faire partir les amis des Religieux d'un côté et les Religieux eux-mêmes du côté opposé où se trouvait surtout la canaille. Les Pères durent faire un long détour pour rejoindre leurs amis.

Du côté opposé à la ville, par lequel on les faisait sortir, était postée la canaille payée pour insulter. Les défenseurs n'étaient point là ; ils attendaient sur le chemin de la cathédrale. Quand les Pères arrivent enfin au lieu du rendez-vous, tous se précipitent à leur rencontre. Sur l'esplanade ils sont reçus aux cris de : « Vivent les Franciscains ! Vive la liberté ! A bas les Décrets ! » Les dames se jettent à genoux, demandant la bénédiction, et se pressent pour baiser l'habit des enfants de Saint-François. Quelques ricanements et quelques cris isolés de : « Vivent les Décrets ! Vive Constans ! » se font entendre.

A ce spectacle la troupe et la gendarmerie qui est massée près de là, s'avancent vers les Franciscains et leurs amis. Les soldats, sur l'ordre de leur sous-lieutenant, mettent la baïonnette au canon ; ils s'élancent et veulent mettre la main sur les femmes à genoux. M. de Berville indigné en repousse un violemment, et leur capitaine montre qu'il a un cœur de Français en faisant retirer sa troupe. Il n'y avait aucun désordre à craindre.

(1) Les journaux ont dit sans raison que cinquante religieux étrangers avaient disparu. Le couvent contenait en tout une trentaine de religieux.

Mais le capitaine de gendarmerie ne pouvait supporter le soufflet infligé aux auteurs des Décrets ; il commande ses hommes : ils viennent faire caracoler leurs chevaux autour et au milieu des dames qui se succèdent aux pieds du Père bénissant. Les dames ne semblent pas voir le danger. Mais quel scandale, qu'en temps de République, des dames soient à genoux dans la rue et qu'un proscrit les bénisse ! Aussi la gendarmerie a fermé le passage au prêtre ; il veut rejoindre ses Frères. « On ne passe pas ! » Sans doute, il devait se trouver sur le passage d'autres personnes disposées à applaudir ! Et le fidèle argus ne voulait pas d'ovation. Encore une fois, le Père dut faire un détour pour arriver à la cathédrale, où les expulsés priaient pour leurs persécuteurs.

Des témoins ajoutent quelques épisodes :

Un ouvrier s'impatiente de la résistance et s'écrie : « Les coquins n'ouvriront donc pas. » Un autre lui répond : « Tais-toi donc, ne les insulte pas ; la besogne que nous faisons est assez ignoble. »

Pendant que l'on brisait les portes, un enfant suivait les crocheteurs. « Quel est cet enfant ? demanda-t-on. — C'est mon fils, répond un de ces malheureux : il faut bien qu'il apprenne le métier pour l'avenir ! » Cette génération promet beaucoup.

Les gendarmes obéissaient avec une peine visible, la besogne les dégoûtait, et l'un des commissaires, mal élevé, trouva le moment opportun pour lancer à leurs dépens ce trait d'esprit : « Ces gendarmes sont bons à couper la queue à des grenouilles. »

Quant au commissaire central, il a été violent, pour ne pas dire plus, et il a mérité les compliments de ceux qui l'ont employé. Je ne saurais mieux le comparer qu'à un taureau furieux. S'était-il administré quelque verre d'une liqueur réconfortante ? je ne sais. Mais il aura bientôt de l'avancement. Quand il tournait autour du cloître, il entendit des voix, et immédiatement il ordonna de mettre des échelles, en disant : « Les oiseaux sont là, il faut les dénicher. » C'est vraiment spirituel.

Tous les Fransciscains ont été recueillis par des familles de la ville, qui se disputaient l'honneur de les recevoir.

Merci à ces nombreux et généreux amis qui, de tous côtés, nous ont offert avec tant de bonté leur affection, leurs services, leur hospitalité ; nous prions Dieu de les récompenser ; c'est notre devoir le plus sacré, et nous tenons à le remplir.

En finissant, nous devons un souvenir tout spécial de reconnaissance et d'affection à Mgr l'Archevêque. Sa Grandeur avait daigné plusieurs fois nous visiter, et nous témoigner sa bienveillance. Les Religieux expulsés n'osaient à cette heure matinale, où se disent les messes, aller demander la bénédiction de Monseigneur. Mais Sa Grandeur, apprenant que les Franciscains étaient venus à la cathédrale, daigna s'y rendre Elle-même dans un état de tristesse que n'oublieront pas ceux qui l'ont vue.

PARIS, vendredi 5 novembre.

Le couvent des Franciscains de Paris, rue des Fourneaux, 83, semblait n'avoir rien à craindre de l'exécution des Décrets; car le Commissariat de Terre-Sainte, qu'abrite le couvent, est reconnu depuis des siècles par le Gouvernement français. La France a toujours exercé une influence prépondérante en Orient, à cause surtout de la protection qu'elle accorde aux Religieux franciscains, gardiens séculaires des Saints-Lieux. Depuis le temps où le Séraphique François d'Assise, en 1219, visita la Palestine et inaugura la prédication de la foi et de la civilisation catholique chez les sectateurs de Mahomet, les Franciscains ont continué l'œuvre de leur Père; quatre mille de leurs martyrs ont scellé de leur sang les conquêtes pacifiques du catholicisme. De nombreuses conversions, dues au zèle des missionnaires, ont sanctionné, en même temps que l'autorité de l'Eglise, l'influence de la France. Cette influence prépondérante, si importante pour elle, aujourd'hui surtout que, depuis ses désastres, elle est à peine écoutée dans les conseils de l'Europe; aujourd'hui que l'Angleterre, par la prise de possession de Chypre, menace de nous supplanter en compromettant nos plus vifs intérêts dans le Levant, cette influence, dis-je, elle la doit surtout à ses missionnaires franciscains, qui introduisent parmi les Turcs la foi, les lettres, la civilisation françaises. Aussi le Gouvernement, même de la République, ne cesse de demander à nos supérieurs, des Religieux français pour la Terre-Sainte.

Le *Commisariat de Terre-Sainte* représente en France les intérêts des Lieux-Saints. Par une circulaire ministérielle, du 9 avril 1859, le Gouvernement, d'accord avec le Saint-Siège, autorisait le rétablissement de ce Commissariat, dirigé, disait-il, par les Franciscains.

Tout récemment, M. le Ministre Constans écrivait en propres termes, que « les Commissariats de Terre-Sainte en France étaient considérés comme autorisés et dès lors ne tombaient pas sous l'application des Décrets du 29 mars. »

Quel peut donc être le sujet de crainte dans une telle maison?

Outre le Commissariat, le couvent de la rue des Fourneaux comprend une communauté de Religieux. Et pour elle, on craignait beaucoup. Le R. P. Victor-Bernardin, de Rouen, actuellement Commissaire général de Terre-Sainte, avait sondé le Ministère pour connaître ses dispositions. Aucune réponse n'avait été donnée. De là inquiétude et défiance au couvent.

On se prépara donc à l'expulsion et les barricades furent soignées.

Il faut avouer que la police de Paris est ingénieuse et a bien des ressources. A chaque opération, elle emploie une tactique différente. Ce ne sont plus les commissaires aux délégations judiciaires et leurs serruriers qui se glissent furtivement pour surprendre. Nous allons voir une autre scène.

Le 5 novembre, premier vendredi du mois, jour consacré à faire réparation au Sacré-Cœur de Jésus-Christ outragé, Notre-Seigneur voulut, à Paris, s'adjoindre un grand nombre de victimes.

La plupart des PP. Franciscains avaient dit la messe de très bonne heure. A cinq heures du matin, un Père, expulsé déjà la veille, à Bourges, arrive de la province, dit la sainte Messe, où plusieurs personnes communient. Les défenseurs (1) des Pères entendent tout à coup dans la rue un bruit inaccoutumé. Une voiture à incendie arrivait, accompagnée de pompiers. Vers le n° 83, on crie : « *C'est le feu!* » Un ami des Franciscains, M. Chauvin, sort pour porter des secours. Il aperçoit bientôt les agents de police et rentre précipitamment annoncer la nouvelle. La grille, qui donne sur la rue, se referme aussitôt.

Que dites-vous de ce stratagème ingénieux? Certainement la

(1) La reconnaissance et l'affection nous font un devoir de désigner ici ces amis dévoués. Nous ne voudrions en oublier aucun. C'étaient :

MM. Auber. — De Badereau. — Battut. — Comte Georges de Beaurepaire. — Benoist, pharmacien. — Bioche. — Blériot. — Bolbach. — Bonté, père et fils. — Borme. — Bornigal. — Le Colonel Chambeau. — Chauvin. — Daniel Cosson. — Dabauvalle. — Delarue et son neveu. — Deschamps. — Devarenne. — Dumont. — Fay. — Grossard. — Grosselin. — Hournon. — Jacolot. — Léon Kuhn. — Laass d'Aguen, père et fils. — Larmoyer. — Leclerc. — Leloup Lépine. — Marchant. — E. Meunier. — Pascal, père et fils. — Raymond de Parscau du Plessix. — Perret. — Ranglaret. — Victor Retaux. — Rif. — Roussel des Ayes, rédacteur de la *Civilisation*. — Théodose Sardnal. — Serrant. — Thorel. — Turin. — Henri Vaurs, correspondant de l'*Océan*. — De Vaux. — Pierre Veuillot, rédacteur de l'*Univers* — Zobel.

République qui produit des hommes aussi féconds en ressources pour traquer des moines, saura gagner des batailles, et n'est pas près de périr!

Ils ont beau faire : Selon la pensée de la mère de l'un des Religieux, pensée qui me rappelle une belle expression de nos Livres saints : *Aquæ multæ (tribulationum), non potuerunt extinguere caritatem :* leurs pompes n'ont pas refroidi les courages. Les Religieux et leurs amis savent qu'ils défendent une bonne cause. Ils sont disposés à faire subir aux agents de la police la honte de leur besogne.

M. Turin, ancien avocat à la cour de Paris, chargé de garder la porte extérieure, fait rentrer dans le couvent tous les défenseurs de la maison et attend.

Deux commissaires de quartier, M. Brissaud et son complice Kuehn, font voir le bout de leurs écharpes et demandent à entrer. Le concierge improvisé répond qu'il va en référer au propriétaire. Celui-ci, mû par une déférence due au Commissariat de Terre-Sainte, qu'il abrite sous son toit, et voulant user de tous les moyens de conciliation, ordonne qu'on ouvre la porte extérieure. M. Turin introduit alors les commissaires et les conduit vers la seconde porte d'entrée, qui est vitrée.

M. le commissaire Brissaud demande à parler au propriétaire. M. Jacolot, ancien notaire, se présente muni d'un mandat du Commissaire de Terre-Sainte, afin de pouvoir présenter des titres prouvant que cet établissement avait été reconnu d'utilité publique, notamment par MM de Freycinet et Constans lui-même.

Les commissaires de police ne veulent rien entendre et ordonnent, sans même prononcer les paroles sacramentelles : *Ouvrez, au nom de la loi!* qu'on enfonce la porte.

Alors un spectacle navrant s'offre aux yeux. Les pompiers prennent d'énormes pics et les font pénétrer par les fissures. Un de leurs officiers les excite. La vaillante petite porte ne cède qu'au bout de sept minutes.

Les commissaires de police se dirigent sans hésiter vers la porte du cloître, en laissant de côté la chapelle et l'escalier conduisant à la tribune.

M. Brissaud somme d'ouvrir. M. le comte G. de Beaurepaire lui demande ses titres et annonce qu'il va prévenir le propriétaire.

Le propriétaire, le T. R. P. Raphaël, Provincial, intervient, veut donner des explications, surtout sur le Commissariat de Terre-Sainte : M. Brissaud ne veut rien entendre et ordonne qu'on enfonce cette seconde porte, en commettant une nouvelle illégalité.

Les pompiers, poussés par leurs chefs, recommencent leur œuvre de destruction. On enfonce d'un coup de bélier le guichet en fer qui vole en éclats. Le fondateur de cette maison, le T. R. P. Fulgence, avait fait inscrire sur la porte ces mots : *Parva domus, sed magna quies;* maintenant des bruits de pics et de haches retentissent et se répètent jusque sous les voûtes de la chapelle.

Au bout de vingt-cinq minutes, un pompier pénètre par une ouverture et renverse les échafaudages de soutien.

Après la deuxième porte, s'en présente une troisième, aussi solidement barricadée que la précédente; ils la laissent de côté, effrayés sans doute devant la difficulté.

Mais ils aperçoivent les parloirs, vers lesquels ils se dirigent. Ces messieurs se croient à l'intérieur, ils ouvrent la fenêtre. Déception ! Des barreaux en fer les arrêtent, et paraissent devoir fournir une héroïque résistance. N'importe, la grille est attaquée comme une tour et la force armée aura la gloire de s'emparer..... d'une fenêtre.

Un jeune pompier bat la grille avec un énorme pieu de fer, mais les coups les plus forts qu'il peut porter, semblent ne produire aucun effet. Un instant j'eus peur pour ce malheureux jeune homme; plusieurs fois il manqua son coup, et sa main risqua d'aller se meurtrir contre les barreaux. Depuis longtemps il frappait avec ardeur. Un de ses camarades veut lui succéder ; mais il a l'air de tenir beaucoup à arriver à bonne fin. Voyant que les coups ne réussissent pas, il lance son pieu dans la pierre tendre, descelle les barreaux, et finit par écarter la grille tordue, qui livre un étroit passage à la cohorte policière.

Pendant cet exploit, commandé par M. Brissaud, nous avons le temps de contempler le visage pâle d'émotion de ce pauvre petit homme, qui cherche à se maintenir en assurance. On sent qu'il fait une besogne répugnante ; je suis sûr qu'il n'était pas habitué à fracturer les portes des honnêtes gens qu'il respecte et qu'il estime.

Ici, comme à Bourges, ces bons messieurs sont obligés de montrer l'œuvre qu'ils viennent faire, en passant par la fenêtre : car les Religieux n'ont pas l'habitude de fermer leur porte aux honnêtes gens, on le sait... Le chemin suivi par les agents, est celui qui convient le mieux à leur œuvre.

M. Brissaud se dirige vers un bec de gaz au fond du couloir. C'est là que l'attendent le T. R. P. Provincial, propriétaire, le R. P. André, mandataire des propriétaires absents et une nombreuse assemblée de nos amis : MM. Blériot, Dumont, Meunier, de Parscau, Perret, Ranglaré, Victor Retaux, Serrant, Turin, Devarenne, Vaurs, correspondant de l'*Océan*, etc., (Retenu chez lui par une longue maladie, M. Tolra, notre éditeur, nous avait exprimé à plusieurs reprises ses vives sympathies et ses profonds regrets.) M. le commissaire lit l'arrêté de dissolution, et le remet au T. R. P. Raphaël.

La voix de M. le commissaire était mal assurée, ses yeux l'induisaient en erreur. Avant de faire sa lecture publiquement, il lui aurait fallu une ou deux répétitions de plus. N'était-ce pas plutôt sa conscience qui n'était pas sûre d'elle-même?

Le T. R. P. Provincial s'apprête à lire sa protestation comme propriétaire. Rien! M. Brissaud n'a plus le temps de l'entendre. Sans doute que ses minutes sont comptées. On l'a fait attendre longtemps à la porte. Il veut bien toutefois recevoir toutes les protestations écrites qu'on lui remettra, et promet de tout insérer au procès-verbal. Pendant toutes ces manœuvres, les Pères avec leurs témoins s'étaient enfermés dans leurs cellules.

M. Brissaud fait prendre les noms des témoins qui ont assisté à sa lecture et les fait conduire par ses agents dans la rue, même M. Turin, qui jusque-là avait toujours suivi le commissaire. Sur l'injonction qui lui est faite de se retirer : « Je n'en ferai rien, leur dit-il, je suis chez un ami qui ne m'a pas donné l'ordre de sortir. — Mon Père, ajouta-t-il, est-ce que vous m'ordonnez de sortir? — Non certes, répond le T. R. P. Provincial, et je proteste contre cette violation de la loi de l'hospitalité. »

Il ne reste plus avec les agents que le T. R. P. Provincial et le Père mandataire.

Où M. Brissaud va-t-il diriger ses pas? Il ne le sait. Il demande qu'on le conduise aux cellules. Cette besogne est trop odieuse pour que le Père veuille dénoncer lui-même ses enfants.

M. Brissaud parle alors de la chapelle. On le conduit à la grande porte. Elle est fermée. Il revient sur ses pas, entre par la porte de la sacristie.

A l'apparition du commissaire, la cloche, qui n'avait cessé d'annoncer le forfait, cesse de se faire entendre. Le T. R. P. Provincial demande le temps de faire enlever le Très-Saint-

Sacrement, avant l'apposition des scellés. Ce fut la seule chose que M. le commissaire accorda gracieusement! Le R. Père André, se revêt du surplis et de l'étole; il allume deux cierges. M. Brissaud n'a pas besoin de tout cela : « Est-ce qu'ils vont nous faire une longue cérémonie ? » s'écrie-t-il. — Et le T. R. Père lui répond : « Est-ce que vous voulez aussi maltraiter le bon Dieu ? » — « Non, mais je ne veux pas de longue cérémonie. » Les cierges allumés, le Père déploie le voile huméral : « Encore ! encore ! ça n'en finira pas ! » Mais on laisse parler M. Brissaud. Et le Père, la douleur dans l'âme, emporte Notre-Seigneur à l'infirmerie, près d'un Père malade. Oh! s'il avait pu compenser par son amour, par l'hospitalité qu'il offrait à Jésus dans son cœur (lui qui aussi allait bientôt se trouver, comme son Maître, chassé de son logis), la peine que faisait au divin Sauveur l'outrage de l'expulsion, comme il aurait été heureux! Faut-il que maintenant en France ces paroles soient tristement vraies, appliquées à Jésus : *In propria venit, et sui eum non receperunt!* on l'a chassé de chez lui. Oh! comme cela est triste! Et comme ce forfait nous afflige, quand nous songeons que la France le payera!

Pendant ce temps, le commissaire procède à l'expulsion des personnes qui se trouvent à la chapelle : une vingtaine de femmes, quelques Frères des écoles chrétiennes ou maristes et quelques Messieurs. « Nous étions bien décidées, écrit une de ces dames, à ne sortir que par la force, et c'est ce que nous aurions fait sans la douce et persuasive autorité de N. T. R. P. Provincial. » Cela n'empêche nullement les dames d'échapper aux agents, de venir se prosterner aux pieds du T. R. Père, pour lui demander sa bénédiction. Les Frères viennent lui serrer cordialement la main.

M. Grosselin, ancien officier de marine, ne veut sortir que par la force. Le commissaire le fait saisir par deux agents. En partant, le fier et brave officier jette à la face du policier, ces paroles foudroyantes : « A la Commune, c'est ainsi que nous traitaient des hommes en écharpe comme vous ! » Ces mots mettent Brissaud en colère : « Emmenez Monsieur au poste, crie-t-il aux agents. — Oui, je le répète, dit-il encore en partant, c'est ainsi que nous traitaient, en 1871, des hommes en écharpe comme vous. »

M. le commissaire met les scellés sur la porte extérieure et intérieure de la chapelle.

Puis il revient au couloir : mais où se diriger ? Il va du côté du réfectoire. Pas d'issue. Ses agents avaient vu par où l'on passait pour porter le Saint-Sacrement ; pas un ne lui montre l'escalier. Il finit enfin par le trouver.

Cellule du P. Auguste. — On arrive à la porte du Père Auguste, vieillard vénérable. M. Brissaud frappe ; on ne répond pas : « Pompiers ! enfoncez la porte ! » dit le commissaire. — « Attendez, répond le T. R. P. Raphaël, le Père est un vieillard de 80 ans, il n'a pas entendu. » Mais la porte est enfoncée ; M. Brissaud signifie l'ordre d'expulsion. « Aurez-vous l'inhumanité, dit le P. Provincial, de jeter à la rue un vieillard de quatre-vingts ans ? » Le commissaire consent, non sans peine, à laisser le vieillard octogénaire.

Il consentit plus tard encore à laisser à l'infirmerie, le P. Hilarion, retenu depuis longtemps au lit par un rhumatisme aigu.

Cellule du P. Constant, assisté de MM. Chauvin et Zobel. — On frappe.

— Au nom de la loi, je vous somme d'ouvrir.

— Je n'ouvre pas ; au nom de la loi, je vous somme de vous en aller, et vous n'avez aucun droit ici, si vous n'avez un mandat d'arrêt, signé par le Procureur de la République.

La porte est enfoncée.

— Je me présente au nom de la loi, dit le commissaire.

Le Père se lève en disant :

— Je vous salue au nom de la politesse française ; et il se rassied.

— Votre nom ? demande le commissaire.

— Le vôtre ? Monsieur.

— Je n'ai pas d'explication à vous donner.

— Ni moi non plus.

Le commissaire radouci, finit enfin par avoir le nom. Il dit alors :

— Voulez-vous sortir bénévolement ?

— Vraiment, monsieur, répond le Père, ce que vous dites-là n'est pas malin. Si je vous disais, moi, de sortir de chez vous bénévolement, que me répondriez-vous ? Eh bien ! j'ai tout autant de droit de rester chez moi que vous chez vous.

— Je serai donc obligé d'employer la force ?

— Moi, je crois devoir laisser employer la force.

L'agent qui conduisit le Père se mit à pleurer dans le corridor.

Malgré leurs dignes et fermes protestations les deux témoins sont expulsés avec le Père.

Cellule du R. Père Gardien. — *Le commissaire.* — Au nom de la loi, ouvrez !

Le Père. — Je ne reconnais pas cette loi et ne suis pas autorisé à ouvrir.

Les pompiers reçoivent l'ordre d'enfoncer la porte. On demande le nom du Père.

Père François, Supérieur du couvent.

Le commissaire ajoute : Je vous intime l'ordre de sortir.

Le Père. — Je ne sortirai pas.

Le commissaire insiste. — Le Père répond : Je suis chez moi et resterai chez moi. Je vous plains de la triste besogne que vous faites ; vous auriez dû suivre des exemples qui vous ont été donnés.

Le commissaire. — Il ne me plaît pas de les suivre et de donner ma démission, j'ai des chefs et j'obéis.

Le Père réplique : « Vous faites une triste besogne », et déclare de nouveau qu'il ne sortirait pas.

— Si vous résistez, je vous fais arrêter, dit le commissaire.

— Vous pouvez me forcer, reprend le Père, mais je ne sortirai pas.

Deux sergents de ville, fort émus, sont requis pour prendre le R. Père Gardien. En sortant, le Père dit :

— J'ai été en Turquie au milieu des Musulmans, et j'ai toujours joui de la plus grande liberté. Et en France, citoyen français, je suis chassé de mon domicile par la police française.

Les sergents de ville ont accompagné le Père jusqu'à la grille du couvent.

Cellule du P. Ephrem. — Le commissaire frappe à la porte du P. Ephrem qui refuse d'ouvrir. La porte est enfoncée : « Votre nom ? lui demande-t-on. Il refuse de le donner. « Quel est le numéro de votre cellule ? — Vous pouvez voir, » répond-il. Un éclat de la porte fut ramassé pour constater le numéro.

Au nom de la liberté, le Père proteste qu'il ne sortira pas.

— Liberté ! guitare aujourd'hui ! Le Père est emmené.

A l'étage supérieur, cellule du P. Michel, assisté de MM. Delarue et Pascal père.

Le commissaire. — Ouvrez, au nom de la loi.

Le Père. — Je n'ai violé aucune loi, je n'ouvre pas.

Au même instant, un énorme coup fait voler la porte en éclats.

Le commissaire. — Je viens, Monsieur, au nom de la loi vous notifier votre expulsion.

Le Père. — Qui êtes-vous ?

Le commissaire montre son écharpe.

Le Père répond : Je n'ai rien fait, je ne délogerai pas.

Le commissaire dit alors : Agents, expulsez-le !

Deux agents prennent le Père, qui reprend : Si vous êtes M. Clément, un peu de clémence ! donnez-moi le temps de faire mes paquets !

— Combien de temps, dit M. Brissaud, essayant de sourire ?

— Une heure.

— Une heure? Non ; du reste vos paquets sont faits.

Le Père est forcé de partir ; on ne lui donne pas une minute. Il est expulsé par les sergents de ville et traverse les corridors en protestant.

Arrivé à la porte, un sergent de ville veut porter le sac ; le Père répond : Après votre honteuse besogne, je ne veux pas vous laisser cette satisfaction.

Dans la cour, l'agent semble demander excuse en disant : Nous sommes peinés de faire cette besogne.

Voici un petit entrefilet que l'*Union* consacre à deux Pères du couvent de Paris :

Parmi les Franciscains du couvent de la rue des Fourneaux se trouvent plusieurs Pères qui avaient déjà vaillamment servi la France avant de porter le costume de Saint-François. Nous citerons entre autres les RR. PP. Martin Andrieu et Marie, de Brest.

Le R. P. Martin Andrieu a servi la France pendant trente ans, comme soldat d'abord, puis comme missionnaire apostolique aux Saints-Lieux.

Il est décoré de la médaille militaire et a reçu la médaille commémorative de Crimée avec les quatre agrafes où sont inscrits les noms suivants : Alma, Inkermann, Balaclava, Sébastopol.

Le Père Marie, de Brest, a fait partie de l'armée d'Orient pendant la campagne de Crimée.

Dans la campagne de 1870-1871, il est allé en Allemagne avec les prisonniers français. Chargé par le gouvernement de plusieurs missions importantes, il dut faire plusieurs fois le voyage de Prusse.

Le Gouvernement français, en récompense de son dévouement, l'a nommé chevalier de la Légion d'honneur.

Actuellement il est Procureur des missions franciscaines étrangères.

Le P. Martin a été chassé comme tous les autres : il est sorti fièrement avec ses médailles et ses agrafes, et un frémissement de respect s'est glissé dans la troupe des agents. Au seuil de la porte le Père dit : « Adieu ! chère cellule ! Bientôt je te reverrai. »

Le P. Marie ne peut se consoler de n'avoir pas été présent au moment de l'expulsion : il serait sorti avec sa croix d'honneur : on lui aurait sans doute présenté les armes ; mais il était allé assister une personne agonisante. Son ministère terminé, le P. Marie revint à la porte de sa chère demeure. Quatre sergents de ville lui en barrent le passage. Il prétend au droit de rentrer dans son domicile. Impossible ! Il veut au moins prendre les objets à son usage. La consigne s'y oppose.

C'est maintenant le tour du R. P. Victor.

Sur la porte on lit ces mots :

« *Bureau du Commissariat de Terre Sainte.* »

Nous citons ici le journal l'*Océan*.

« Le Commissaire général de Terre-Sainte, agissant d'après les conseils de la Communauté, a ouvert sa porte après quelques explications verbales. On espérait une exception à cause des assurances données en juillet dernier par MM. les Ministres, de Freycinet et Constans, dans des lettres que plusieurs des grands journaux de Paris ont publiées. C'était une illusion. Après avoir lu ces lettres, le commissaire de police pose cette question : « Etes-vous Franciscain ? Le Révérend Père répond : Oui. — En ce cas, dit le chef exécuteur, vous devez sortir. Vous vous expliquerez ensuite avec M. le ministre de l'intérieur, si bon vous semble. » Alors, le Révérend Père a présenté une protestation qui a été prise par le commissaire de police. A ce moment, M. Jacolot, en son nom et en celui de MM. Kuhn, Grossard et Vaurs présents, ce dernier correspondant de l'*Océan*, a protesté contre la violation du domicile dans lequel ils sont accueillis à titre d'amis, et a demandé qu'ils y soient respectés, puis il a présenté une protestation écrite qui a été aussi acceptée. Aussitôt, deux agents l'ont pris par le bras, et l'ont conduit hors du couvent ; M. Vaurs a été expulsé en même temps de la même façon. MM. Kuhn et Grossard ont résisté et ont pu accompagner le Révérend Père qui est sorti et s'est rendu à pied chez M. Kuhn. »

Mgr de Ségur, apprenant la force de dialectique du fameux policier, qui permettait au commissaire de Terre-Sainte de rester, tout en chassant le Franciscain, ajoutait finement ce commentaire : « Je respecte le Commissaire de police qui me parle ; mais je *rosse* ce monsieur Brissaud qui m'expulse. »

Cellule du Fr. Gustave. — Pendant que l'on traitait longuement avec le R, P. Victor, on avait découvert la cellule du Fr. Gustave, compagnon ordinaire du P. Commissaire. Avec le Frère se trouvaient MM. Sardnal, frère d'un de nos religieux, et Delarue.

Monsieur Kuehn frappe à la porte :

« — Qui est là ? demanda le Fr. Gustave.

« — Ouvrez, c'est le commissaire de police.

« — Je ne connais pas cet homme, que me veut-il ?

« — Au nom de la loi !... ouvrez !

« — Au nom de quelle loi ?... avez-vous un mandat de justice...

« — Voulez-vous ouvrir, oui ou non ?

« — Non : Je n'ouvre jamais ma porte sans savoir pourquoi... » La porte est enfoncée.

Comme le commissaire était couvert, M. Sardnal allume sa cigarette, avec l'autorisation du Fr. Gustave. M. Kuehn faisait sérieusement le maître : il défendit de fumer, et comme on ne tenait pas compte de son observation, il se précipite en colère et éteint l'allumette. Puis il fait emmener « l'insolent » qui osait résister à M. le commissaire : Le jeune homme dit en partant :

« Si vous entriez chez moi dans les mêmes circonstances et « de la même façon, si vous me faisiez là ce que vous venez de « faire, je vous casserais la tête. »

« — Vous l'avez entendu... il veut me casser la tête. Deux hommes ! — Conduisez-le au poste. »

Une autre cellule se présente : elle est fermée. Le T. R. P. Provincial dit que le Père est absent. Et ces hommes oublient qu'ils sont chez de vils criminels ; ils croient à sa parole, et ils passent.

C'était fini ! il ne restait plus personne dans les cellules. Mais deux Pères avaient suivi partout le commissaire, assistant à cet horrible spectacle de l'expulsion de leurs frères. Chaque expulsé avant de partir, demandait la bénédiction du T. R. P. Provincial, et recevait les félicitations affectueuses de leur confrère. C'était maintenant le tour des propriétaires. M. le commissaire les prend à part, et exige que l'un des deux sorte du couvent. Toutes les observations sont inutiles. « Vous me trouvez bien sévère, dit-il, mais j'exécute ma consigne. Choisissez donc ; un seul devra rester ici : celui que vous voudrez. » Le T. R. P. Raphaël devait naturellement rester, et le délégué des propriétaires absents protesta qu'il ne sortirait que par la force. Ordre fut donné de l'emmener. Et M. Brissaud, tournant le dos, prit le chemin de la sortie.

Jusque-là il n'avait voulu entendre aucune protestation, mais le mandataire expulsé, escorté de ses agents de police, suivait immédiatement M. Brissaud. Il profita de l'occasion, et M. Brissaud dut entendre jusqu'au bout : « Il est singulier, Monsieur, que sans savoir si vous avez le droit de nous chasser, le jour même où le tribunal des conflits doit prononcer son arrêt, vous veniez ainsi violer notre domicile. Il est mauvais, Monsieur, cet argument par lequel on se dit que peut-être des citoyens sont dans leur droit, mais que cependant on va les mettre à la porte parce qu'on verra bien plus tard s'ils doivent rentrer. Nous vous montrerons plus tard que vous avez eu tort : pour cela nous avons dix ans. Mais sachez bien, Monsieur, que nous aurons soin de ne pas laisser s'établir la prescription. »

Descendu dans le couloir, M. Brissaud a déclaré au Père Raphaël qu'il le constituait gardien des scellés. Le T. R. Père s'est récusé.

— Vous connaissez la loi, a répondu M. Brissaud, et si les scellés sont brisés vous en êtes responsable.

— C'est précisément parce que je connais la loi et que la loi ne m'oblige pas à être gardien des scellés, que je refuse toute responsabilité.

Au coin de la rue des Fourneaux et du boulevard de Vaugirard, nombre de personnes se sont groupées autour des Pères et se sont agenouillées, demandant leur bénédiction et leur offrant des fleurs.

Les pompiers ont brisé les portes avec joie ; mais les agents de police étaient tristes. Quand leur chef avait le dos tourné, plusieurs fois ils ont serré, en passant d'une cellule à l'autre, la main du T. R. P. Provincial.

Plusieurs arrestations ont été faites parmi les personnes dévouées : mademoiselle Akerman, Lorraine, ayant opté pour la France, et mademoiselle Daumas, voisine des Révérends Pères, ne peuvent se retenir et disent : « Vous faites un triste métier. » On les conduit au poste.

Elles y sont gardées jusqu'à 3 ou 4 heures du soir avec MM. Sardnal, Grosselin et de Badereau de Saint-Martin. On les relâche en leur disant : « Nous avons pitié de vous ; nous vous relaxons provisoirement. »

Mademoiselle Akerman disait en sortant : « N'est-ce pas à regretter d'avoir abandonné mon pays pour rester Française ? »

Un jeune homme, témoin chez l'un des Pères, à qui l'on demandait ses titres, répondait : « Je suis deux fois Français ; je suis né près de Strasbourg et j'ai opté pour la nationalité française : et c'est en cette qualité que je proteste contre votre attentat. »

Sur le boulevard de Vaugirard se trouvaient plusieurs centaines de personnes, la plupart sympathiques aux Pères Franciscains. Une cinquantaine de voyous au plus les ont poursuivis de huées. Les cris : « A l'abattoir ! Au dépotoir ! » ont été entendus.

Le Révérend Père Commissaire général de Terre-Sainte a refusé la voiture qu'un des agents lui offrait, en disant : « Si je la dois à des amis, qu'ils se montrent, si ce sont les autres qui me l'envoient, je ne puis l'accepter. »

Après la sortie des Pères, une scène touchante a eu lieu. Une foule de Dames ont envahi le vestibule, se sont agenouillées devant le Père Raphaël et ont reçu pieusement sa bénédiction. On a ensuite jonché de fleurs le seuil profané de la chapelle.

L'entrée du couvent a été interdite à tous les étrangers. Après l'expulsion, les défenseurs des Pères, avoués et avocats, se sont vu refuser par les gardiens de la paix, l'autorisation d'y pénétrer. C'est à peine si le médecin appelé à donner des soins au père Hilarion a pu avoir accès auprès du malade.

A midi seulement cette consigne a été levée.

Voici, relativement aux Franciscains de Terre-Sainte, des documents que nous nous bornons à reproduire ici : Jamais Gouvernement ne se montra à ce point ennemi de son pays.

Paris, le 28 octobre 1880.

A Monsieur le Président de la République

« Monsieur le Président,

« J'ai l'honneur de vous adresser le double d'une lettre qu'à « la même heure j'écris à S. Exc. Monsieur le Ministre des « affaires étrangères, ainsi que des pièces justificatives qui ac- « compagnent cette lettre.

« J'ose appeler votre attention sur cet envoi.

Paris, le 28 octobre 1880.

Monsieur le Ministre,

« J'ai reçu communication de deux lettres dont je prends la

« respectueuse liberté de faire passer les copies sous les yeux « de Votre Excellence.

« J'ignore quelle étendue le gouvernement entend donner « aux Commissariats de Terre-Sainte, dont il constate l'exis- « tence légale et qu'il déclare ne pas tomber sous l'application « des décrets du 29 mars 1880. Mais, sans aucun doute, en af- « firmant qu'ils jouissent d'une constitution régulière, il a « voulu qu'ils pussent fonctionner au mieux des intérêts de la « France en Orient.

« Or, comment pourront-ils contribuer à maintenir et à « développer l'influence de notre patrie dans cette contrée? Ce « sera bien un peu en continuant d'y adresser les libéralités de « la France; mais ce sera surtout en y conservant et en y aug- « mentant le nombre des Religieux français.

« Vous n'ignorez pas, Monsieur le Ministre, que depuis « l'an 1219, les Franciscains sont constitués les gardiens des « Lieux-Saints; que, dans cette mission difficile où quatre « mille d'entre eux ont trouvé une mort violente, les gouverne- « ments qui se sont succédé en France, même la Convention « nationale, les ont toujours couverts de leur protection ; qu'un « des effets de l'attitude héroïque et constamment soutenue de « ces Religieux a été d'élever si haut le prestige de la France « qu'aujourd'hui encore tout catholique, à quelque nationalité « qu'il appartienne, est désigné sous le nom de *Franc*.

« Aussi le Ministère des affaires étrangères m'a-t-il souvent « pressé d'envoyer des sujets français.

« Longtemps j'ai dû répondre avec regret que le nombre res- « treint des enfants de Saint-François en France ne nous per- « mettait de donner satisfaction à ce désir patriotique que dans « une faible mesure.

« Depuis quelque temps nous nous sommes étendus, et par « suite les départs se sont multipliés.

« Or, est-ce bien au moment où l'arbre commence à porter « des fruits qu'il convient de le couper à la racine?

« Telle serait pourtant l'opération qui consisterait à sup- « primer les maisons où se recrutent les membres français de « la Custodie.

« Déjà le gouvernement a cru devoir fermer la maison de « Béziers où se trouvait le cours de philosophie, et d'où sont « partis, il n'y a que six semaines, trois religieux pour la Terre- « Sainte.

« Frapper aussi les autres maisons d'étude et le noviciat

« serait un acte par lequel le Gouvernement de la République « signerait de sa propre main la disparition de l'élément fran- « çais du milieu de la Custodie franciscaine de Terre-Sainte, « placée sous le protectorat de la France.

« Je livre ces considérations au patriotisme de Votre Excel- « lence, Monsieur le Ministre, et je la prie d'agréer l'hom- « mage, etc »

« C'est à votre même sentiment de patriotisme que je m'a- « dresse, Monsieur le Président, et je vous prie d'agréer l'ex- « pression de la haute et respectueuse considération avec « laquelle j'ai l'honneur d'être, Monsieur le Président, votre « très humble serviteur.

« Fr. Victor-Bernardin, de Rouen,
« Commissaire général de Terre-Sainte. »

(Suivait la copie des deux lettres annexes de la précédente, l'une du R^me^ Père Custode de Terre-Sainte au consul de Jérusalem et la réponse de ce dernier.)

Voici la lettre adressée à M. le Président de la République le 25 novembre 1880 :

Monsieur le Président,

Depuis la lettre que j'ai eu l'honneur de vous adresser le 28 octobre dernier, le Commissariat général de Terre-Sainte a été dispersé, puis réintégré.

Cette réintégration, fondée sur une reconnaissance ancienne, mais un instant oubliée, lui permet de reprendre son service dans une certaine mesure. Toutefois, permettez-moi de vous le dire, Monsieur le Président, réduit à un personnel de cinq Religieux et privé de ses annexes nécessaires, il ressemble à un corps mutilé qui, conservant sa tête, aurait perdu ses membres.

Je ne répéterai pas les considérations qui faisaient le sujet de ma lettre précédente. Mais tout n'est pas dit sur cette matière : qu'il me soit donc permis d'entrer dans de nouveaux développements.

Je me trouvais en Orient dans le courant de l'été dernier, alors que la dissolution de nos maisons, aujourd'hui fait accompli, n'était encore qu'une menace, et je pus constater l'impression que la perspective de cette mesure de rigueur produisait déjà sur l'esprit des populations de la Haute et

Basse Syrie. Les chrétiens, sujets ou simples protégés de la France, étaient dans la consternation!

Ils m'interrogeaient et ne pouvaient croire que le Gouvernement de la République en vînt à cette extrémité.

Au contraire, les Musulmans relevaient fièrement la tête et se montraient insolents et audacieux. « Il faut, disaient-ils, que les chrétiens soient bien méchants, puisque le Gouvernement qui les protège chasse leurs chefs de chez lui! — On dit que nous sommes perdus, ajoutaient-ils : Eh bien! si nous devons tomber, ce ne sera pas sans avoir versé du sang chrétien!... »

De telles paroles à l'action, chez un peuple fanatique, il n'y a qu'un pas!

Ce pas fut bientôt franchi.

Quelques jours après avoir entendu ces provocations, j'étais insulté aux portes de Jérusalem, comme cela arrive trop souvent en France, et l'on me jetait des pierres sur le mont des Oliviers.

Puis vint l'affaire de Caïffa (1). Vous connaissez les faits : le cimeterre des fils de Mahomet tombe sur la tête des protégés de la France ; pendant trois jours et trois nuits des groupes de Musulmans parcourent les rues de la ville au chant de leur hymne guerrier : « Qu'il est doux de tuer des chrétiens! » Ces pauvres chrétiens découragés et ne sentant plus derrière eux le bras puissamment protecteur de la France, parlent, dans leur affolement, de solliciter le protectorat de l'Angleterre.

J'étais présent, monsieur le Président; les faits que je raconte, je les ai vus; les paroles que je cite, je les ai entendues.

Assurément, il est bien loin de votre pensée de sacrifier ou même de laisser amoindrir, en quoi que ce soit, le protectorat de la France en Syrie, protectorat tant de fois séculaire et tout récemment encore revendiqué au Congrès de Berlin. Vous êtes trop justement jaloux des gloires de notre patrie pour permettre que la moindre atteinte soit portée à l'honneur de notre drapeau sur ces côtes du Levant.

Mais si déjà, à la simple pensée que la source des Religieux français pouvait se trouver tarie à courte échéance, un mouvement antichrétien, — ou ce qui est tout un, dans ce pays, antifrançais, — commence à s'élever, que se passera-t-il quand vous n'aurez plus un seul Franciscain français à envoyer?

(1) Petite ville bâtie sur les ruines de Palmyre, au pied du Mont-Carmel, en face de Saint-Jean d'Acre.

Or, voilà ce qui arrive aujourd'hui.

Une main de fer a fermé toutes nos maisons de recrutement : noviciats, maisons d'étude, tout a été emporté !

Que la Syrie ne me demande plus de supérieurs français, de missionnaires français, d'instituteurs français : je n'en aurai plus un seul à envoyer tant qu'une consigne sévère interdira aux âmes de bonne volonté l'entrée de nos maisons.

Le malentendu relatif à l'existence du Commissariat général de Terre-Sainte s'est expliqué : les quatre Religieux expulsés ont été réintégrés. Mais, ainsi que j'ai eu l'honneur de vous l'exposer, cette institution ne peut fonctionner d'une manière utile à la France sans le concours de ses annexes nécessaires.

Tout en faisant mes réserves sur la disparition des vingt établissements que notre ordre comptait sur le continent, je me permets de vous signaler la réouverture des maisons de recrutement comme le complément logique de l'acte de bonne politique, qui rappelle à la vie le Commissariat de Terre-Sainte.

J'appelle de nouveau, Monsieur le Président, votre bienveillante attention sur ces considérations, et je vous prie d'agréer l'expression de la haute considération avec laquelle

J'ai l'honneur d'être,

Votre très humble serviteur.

Signé : Fr. VICTOR-BERNARDIN, de Rouen.

P.S. Je me permets d'annexer à cette lettre une note concernant la Custodie et les Commissariats de Terre-Sainte.

NOTE

Concernant la CUSTODIE *et les* COMMISSARIATS DE TERRE-SAINTE, *annexée à la lettre adressée le 25 novembre à M. le Président de la République.*

La Custodie franciscaine de Terre-Sainte comprend les missions de Palestine, de Syrie, d'Egypte et de l'île de Chypre.

Elle fut fondée en 1219 et, depuis lors, est toujours demeurée sous le protectorat de la France, dont, par suite, elle relève le prestige en Orient.

Elle est reconnue par toutes les puissances, et spécialement par la France, en vertu de traités plusieurs fois séculaires et plusieurs fois renouvelés, appelés *Capitulations*.

Essentiellement internationale, elle se compose de Religieux pris dans toutes les nations. Le Custode est toujours italien le Vicaire custodial, toujours français; le procureur, toujours espagnol. Il y a quatre Discrets : un Italien, un Français, un Espagnol, et un Allemand. Dans certains couvents, comme au Saint-Sépulcre, à Bethléem, à Nazareth, le supérieur est alternativement italien, français et espagnol.

La Custodie de Terre-Sainte est représentée dans tous les Etats de l'ancien et du nouveau monde par des commissariats partout autorisés.

En France, les Commissariats sont aussi autorisés, comme il appert de pièces fort anciennes et, plus récemment, d'une circulaire ministérielle en date du 9 avril 1859, d'un jugement du tribunal de Bayeux rendu le 12 avril 1877; d'un arrêt de la cour de Pau, le 24 juillet de la même année; de deux décrets de M. le Président de la République autorisant la délivrance de legs, les 25 juillet 1879 et 17 juillet 1880; enfin d'une lettre officielle de Son Excellence M. Constans, Ministre de l'intérieur, en date du 29 juillet 1880.

La fonction des Commissaires de Terre-Sainte est de traiter toutes les affaires concernant la Custodie dans les Etats où ils se trouvent; de lui envoyer les fonds nécessaires à son existence et de pourvoir à son recrutement.

A ce dernier effet, ils ont absolument besoin, comme annexes indispensables des noviciats et maisons d'étude pour recevoir et former les religieux que les gouvernements leur demandent et qu'ils délèguent à la garde des Lieux-Saints et aux autres fonctions de la Custodie.

En France, ces maisons de recrutement sont, en première ligne, le noviciat de Pau, puis les maisons d'étude de Bordeaux, Bourges, Amiens et Béziers.

Maintenir la fermeture de ces maisons, ce serait frapper une institution, légalement reconnue, dans une de ses principales attributions, la formation et l'envoi des sujets; ce serait en même temps amoindrir, à bref délai et dans une large mesure, l'influence française jusqu'ici prépondérante en Orient.

Paris, le 25 novembre 1880.

Le Commissaire général de Terre-Sainte,

Signé : Fr. Victor-Bernardin, de Rouen.

LIMOGES, vendredi 5 novembre.

Dès le milieu du mois d'octobre, et sur divers points de la France, quelques préfets préludent à l'application des Décrets. Partout les commissaires de police ont reçu leurs instructions; les crocheteurs sont requis ; de proche en proche l'inquiétude se répand. A Limoges, on se demande quel jour les Pères Franciscains et les Pères Oblats seront exécutés. Vers le 7 octobre, leurs amis s'installent chez eux. A Louyat, ils occupent leurs cellules, couchent sur leurs grabats, mangent à leur table. Une garde incessante s'établit de jour et de nuit dans le couvent menacé. Toutes les classes de la société sont représentées dans cette foule d'hommes de cœur, qui viennent chaque jour monter leur heure de garde à ce poste d'honneur, et qui ambitionnent tous la gloire d'être, au jour de l'exécution, les témoins de la cause même de Dieu. Prêtres, magistrats démissionnaires, avocats, anciens militaires, propriétaires, négociants, et ouvriers sont venus spontanément se ranger auprès des nobles persécutés, pour protester contre l'iniquité des oppresseurs. Honneur à eux! Chaque matin, malgré la distance de trois kilomètres, qui sépare le couvent de Louyat de la ville, malgré la rigueur de la saison et l'heure matinale, nos vaillants catholiques arrivaient dès cinq heures. A leur tête saluons avec émotion le vénérable vicaire général, M. Dissandes de Bogenet, qui malgré ses soixante-quinze ans, est venu, pendant trois semaines, offrir le Saint-Sacrifice dans la chapelle du couvent. Il était fidèlement escorté d'un ouvrier, M. Laroudie, que nous sommes toujours sûrs de rencontrer à tous les postes du dévouement catholique.

Il nous est difficile de passer en revue tous les noms de ces vaillants; nous les retrouverons au bas de l'admirable protestation, page magistrale de droit et de foi catholique, sortie du cœur de notre vénéré vicaire général.

La résistance est organisée ; les portes sont consolidées, les barricades intérieures préparées et l'on attend. La fin du mois arrive et avec elle la fête des Morts.

Toute la population de Limoges, fidèle à la tradition si chrétienne et si touchante du culte qu'elle rend à ses défunts, monte au cimetière. La foule y est en permanence pendant trois jours.

La chapelle des Pères est littéralement envahie. Pressentant les graves événements qui se préparent, les Pères avaient h.

tenu de Monseigneur l'autorisation d'exposer le Saint-Sacrement, pendant toute la journée, les 31 octobre, 1er et 2 novembre. Ceux qui ont assisté aux exercices de ce *Triduum* n'oublieront jamais l'émotion poignante qu'ils en ont ressentie.

L'opportunisme donnera-t-il à cette foule le spectacle d'un couvent assiégé et de cinq ou six moines chassés de cet asile qu'ils se sont fait près des morts, alors que l'un d'eux, le P. Séraphin en a, pendant neuf années, enterré 14,000! Oh! non. Il soulèverait une indignation trop légitime pour se contenir. Il attendra que le silence se fasse; il ne voudrait avoir pour témoins que des tombes muettes!

L'opportunisme est représenté à Limoges, par un préfet bien digne de présider aux exploits de crochetage. Le préfet a nom Justin Massicault. Outre les récentes décorations qui ornent sa boutonnière, M. Massicault porte au front une flétrissure que lui infligea, en 1871, l'Assemblée nationale, à l'occasion de l'armement de la garde nationale et de l'assassinat de l'héroïque colonel Billet, tombé sous des balles fratricides après avoir échappé aux charges meurtrières de Reischoffen.

En tout et pour tout opportuniste, M. le préfet rencontrant vers la fin d'octobre, au conseil académique, un ecclésiastique notable, le prit à part et lui dit : « Je n'ai encore reçu aucun ordre relatif à l'exécution des Décrets contre les Pères Franciscains et les Pères Oblats. Dites bien à Monseigneur que dès que je saurai quelque chose, je le ferai avertir. »

Fort heureusement, on ne se confia pas à cette parole toute républicaine : car l'annonce de l'exécution des Décrets contre les Franciscains arrivait à l'Évêché à 11 heures 55 minutes, et les crocheteurs sonnaient à la porte du couvent de Louyat à 11 heures 10 minutes.

Il est dix heures : un billet officieux prévient que l'exécution aura lieu à 11 heures.

Les femmes se réfugient dans la chapelle et prient. Les Pères sont à jeun; tout le monde songe à prendre quelque aliment, mais le pain manque. Deux enfants, envoyés au quartier de la Bregère, en rapportent deux pains, que les Pères et leurs quarante témoins se partagent en silence. La plume est impuissante à rendre exactement la grandeur imposante de cette scène digne des premiers temps de l'Eglise. Debout autour de cette table, et au moment d'aller servir de témoins à la justice et au droit immolés, ces chrétiens courageux, demandent à Dieu de soutenir leurs forces.

Involontairement l'esprit se reportait vers ces temps héroïques, où les premiers confesseurs du Christ, retrempaient leurs énergies dans de fraternelles agapes, et se préparaient dans la prière aux suprêmes combats du martyre.

Le repas est fini et tous se dirigent en priant vers la chapelle. Le lieu saint est désolé, les autels sont dépouillés, le tabernacle est vide. Les Saintes Espèces ont été consommées, dans la matinée, par les témoins des Pères. Seule, la Croix est encore debout; tous tombent à genoux devant elle ; le *Parce Domine* sort de toutes les poitrines, entrecoupé de sanglots. Le *De profundis* lui succède, dernière prière, suprême adieu des Pères à tous ces chers défunts dont ils gardent depuis 25 ans les restes bénis. On avait à peine chanté les trois premiers versets du psaume *Miserere*, que le bruit sourd des voitures qui amenaient la police, donna l'éveil aux guetteurs qui montaient la garde au sommet du clocher. Ils donnèrent immédiatement l'alarme et se mirent à sonner le tocsin. On quitte précipitamment la chapelle, et en un clin d'œil chacun est au poste qui lui a été assigné.

Il était temps; car un premier coup de sonnette annonçait l'arrivée des agents de la police. Deux calèches (1) déposèrent devant la porte du couvent M. Fortuné Michel, commissaire central, M. Moutenet, commissaire de police au 2e arrondissement, M. Rubio, sergent de ville et plusieurs autres agents de police; ces derniers amenaient avec eux deux serruriers, M. Jarraud fils et un de ses ouvriers, le nommé Babule, dit Chadelé.

Au même instant débouchaient du cimetière, une escouade de gardes-champêtres à la tête desquels nous reconnaissons M. Varnoux, garde du cimetière, et M. Barrot, brigadier-chef de la police.

(1) Dès la veille au soir, la police fit demander deux voitures pour le lendemain à dix heures pour une descente de police à Saint-Lazare, faubourg de Limoges, situé à deux kilomètres de la ville, sur la route de Toulouse. A l'heure dite, les commissaires et leurs agents montent en voiture et font prendre au cocher la direction de Saint-Lazare. A peine sortis de la ville, ils font subitement rebrousser chemin et donnent ordre de monter à Louyat. La bonne foi du loueur de voitures, M. Lacour, avait été indignement surprise ; lui-même est venu le lendemain de l'exécution, assurer au R. P. Gardien, qu'il eût énergiquement refusé ses voitures, s'il eût su à quel usage elles étaient destinées. Il est regrettable que, par suite de ce fâcheux incident, M. Lacour ait été obligé de vendre peu de temps après tout son matériel, ses anciens clients se refusant obstinément à employer les voitures qui avaient servi à la police, et que tous regardaient comme souillées par ce contact.

M. Michel sonne une fois... deux fois à la porte... personne ne répond. — Que va-t-il se passer? — Il se retire en arrière pour regarder au premier étage et crie à quelqu'un qu'il aperçoit à la fenêtre du premier étage :

— Le Supérieur est-il là?... j'ai à lui parler...

Point de réponse.

— Je veux parler au Supérieur?

Encore point de réponse.

— Mais où est donc le Supérieur?

Deux témoins pour toute réponse laissent échapper un ironique sourire.

Cependant le R. P. Simon, Gardien, entr'ouvre à moitié le guichet.

M. Michel s'approche.

Derrière la porte se trouvent le R. P. Simon, M. l'abbé Ardant, M. J.-P. Jouhannaud, M. A. Maupetit.

— Qui est là? demande le R. P. Gardien.

— Le commissaire central.

— Monsieur, que désirez-vous?

— Veuillez bien m'ouvrir la porte, je désire signifier un ordre au Supérieur de la maison.

— Je ne veux pas vous ouvrir.

— Allons, je vais vous faire une autre sommation et si vous n'ouvrez pas, j'userai de violence.

— Avez-vous un mandat de justice?

— J'ai un arrêté du préfet.

— Nous n'avons rien à faire avec le préfet.

— Allons ! ouvrez-moi, je vous le répète.

— Monsieur le commissaire, la police est faite pour les voleurs, les assassins, les faussaires... vous devez connaître votre code, quelle est donc la loi que nous avons violée? Allez, allez à la poursuite des faussaires.

Le commissaire n'y tient plus... il se trouble... il balbutie... et aussitôt le R. P. Simon dit d'un ton de compassion :

— Ah ! monsieur le commissaire, le trouble qui vous domine montre bien la honte et le déshonneur qui s'attache à la démarche que vous faites.

Sur une nouvelle sommation :

M. l'abbé Ardant, mandataire de Monseigneur l'Evêque de Limoges, propriétaire de l'immeuble, dit au commissaire :

— Pour entrer, monsieur, êtes-vous muni d'un mandat de justice ?

Le commissaire répond :

— Parfaitement, parfaitement, j'ai tout ce qu'il me faut.

— En fait de crochets, de rossignols et de pinces, peut-être... Mais en fait de mandats réguliers, j'en doute ?

— Au nom de la loi je vous somme d'ouvrir.

— De quelle loi, je vous prie ? Venez-vous au nom de M. le Juge d'instruction ou de M. le Procureur de la République ? Dans ce cas, faites passer sous la porte le mandat signé par l'un ou l'autre de ces messieurs, alors nous verrons ce que nous devons faire.

— Au nom de la loi, pour la dernière fois, je vous somme d'ouvrir.

— Monsieur, pour la dernière fois aussi, nous vous demandons qui vous envoie ? Du reste, vous n'avez pas votre écharpe.

— Messieurs, la voici. (Il montre cet insigne, le sortant de sa poche, tout en chiffon.)

— Si vous avez à faire des sommations, vous devez être revêtu de votre écharpe. Prenez-la donc?

— Messieurs, je n'ai pas d'ordres à recevoir de vous.

— Et nous, encore moins de vous, monsieur, puisque nous sommes des citoyens français, jouissant paisiblement chez eux de tous leurs droits civils.

Le guichet se referme.

Le mandataire de Monseigneur l'Evêque monte alors à la fenêtre du premier étage pour parler à M. le commissaire.

— Monsieur, lui dit-il, avant de commencer votre triste besogne, vous devriez entendre la protestation que je suis chargé de faire au nom de Monseigneur l'Evêque de Limoges, propriétaire de cet immeuble, et protecteur-né des Révérends Pères Franciscains.

Le commissaire répond, en haussant les épaules, mais d'une voix peu assurée :

— Monsieur, je n'ai rien à entendre.

— Ah ! vous n'avez rien à entendre, vous ne voulez rien entendre : Eh bien ! vous saurez cependant que vous allez, vous et vos auxiliaires, comme ceux qui vous envoient, encourir l'excommunication majeure réservée au Souverain Pontife, et attirer sur vous et sur vos familles les plus terribles malédictions.

Terrifié par ces paroles, le commissaire cherche à reprendre contenance. Il avise l'ouvrier serrurier amené dans les calèches officielles et lui enjoint de crocheter la porte du couvent.

M. l'abbé Ardant apostrophe alors cet ouvrier :

— Malheureux, lui dit-il, qu'allez-vous faire ? Arrêtez-vous ! arrêtez-vous ! Si vous vous prêtiez à ce qu'on vous demande, vous seriez maudits, vous, votre femme, vos enfants, comme le sont les commissaires.

A cette interpellation, le brave ouvrier laisse tomber à terre ses ciseaux, marteaux, rossignols, etc.

Les commissaires, furieux, veulent le forcer à reprendre ses instruments et à crocheter la porte, ils le poussent par les épaules pour le faire avancer.

— Faites-vous lâcher, faites-vous lâcher, ils n'ont pas le droit de vous contraindre à cette ignoble besogne.

Les commissaires le menacent d'amende.

— Ne les écoutez pas ! ils ne peuvent pas vous forcer, allez-vous-en donc. Ils n'ont pas de mandat régulier, ils n'ont qu'un papier préfectoral qui ne fait aucune autorité, Allez-vous-en donc. Si on vous met à l'amende, nous la payerons.

Comme les commissaires faisaient mine de le contraindre, M. Maupetit, négociant est appelé, s'approche de la fenêtre, reconnaît cet ouvrier pour l'avoir souvent fait travailler et l'interpelle à son tour.

— Quoi ! c'est vous, Babule, je vous connais ; je porterais témoignage contre vous, si vous vous rendiez coupable du crime que le commissaire vous invite à commettre.

— Mais le commissaire me l'ordonne pourtant.

— Votre devoir est de refuser , lisez les articles du code que j'ai écrits moi-même et affichés à cette porte que l'on veut vous faire enfoncer et comprenez la terrible responsabilité que vous assumez. Nous avons 10 ans pour vous poursuivre correctionnellement, 30 ans pour vous demander une réparation et des dommages-intérêts ; je vous assure que nous userons inflexiblement de nos droits lorsque le jour des justes revendications sera venu. Examinez de plus dans quelle situation vous allez vous mettre. Quelle personne voudra désormais vous employer ? Songez donc à votre famille ; comment donnerez-vous du pain à vos enfants ? Je vous déclare que bien des portes se fermeront devant vous, parce que les honnêtes gens de Limoges ne consentiront jamais à faire travailler l'ouvrier qui aura osé crocheter et enfoncer la porte du couvent des Pères Franciscains.

— Mais le commissaire affirme qu'il a le droit de me requérir.

— Il vous trompe, et moi je vous dis la vérité, je vous en

donne ma parole d'honneur. Refusez énergiquement; mes amis et moi nous nous portons garants pour vous des conséquences de votre refus.

Babule, convaincu par ces énergiques paroles, jette alors aux pieds du commissaire son trousseau de rossignols que ramasse Jarraud, son patron, le même qui s'était déjà fait la main le 30 juin chez les Pères Jésuites.

Sans tenir compte de la protestation faite par M. l'abbé Ardant, le commissaire se prépare à faire le siège de la maison. La porte barricadée pouvait résister longtemps à ses efforts. Il demande une échelle.

Le garde du cimetière, le sieur Varnoux, un obligé des Pères, qui le laissaient souvent entrer dans leur jardin y faire sa provision de légumes, s'empresse d'indiquer un chantier où l'on en trouvera une et pour montrer son zèle, il aide à la porter.

M. Fortuné Michel ordonne de l'appliquer contre la fenêtre du premier étage.

Indigné de voir que l'on veut pénétrer dans le couvent par escalade, M. Ardant menace de renverser l'échelle et de faire redescendre plus vite qu'il ne voudra celui qui s'aventurera à y monter.

C'est alors que M. le commissaire central avec un cynisme révoltant, s'écrie :

— Monsieur, vous n'emploierez pas la violence; pour moi, vous le voyez, je suis plein de courtoisie.

— Oui, oui, courtoisie de crocheteur.

La fenêtre est ausitôt fermée, et elle est solidement arc-boutée par des tables et des bancs.

Un agent, pour l'acquit de sa conscience, monte quelques échelons, mais redescend bien vite. La police renonce à faire son entrée solennelle par cet endroit.

On appuie l'échelle au portail, les spectateurs se regardent, les agents hésitent. Qui donc osera le premier donner l'assaut à la maison des Pères! L'indécision est de courte durée; le chef de cette troupe de crocheteurs veut se montrer digne de la mission qui lui a été confiée; il doit l'exemple à ses subordonnés; il n'hésite pas à remplir ce qu'il a appelé depuis son devoir, ce que nous, dans notre honnêteté, nous nommons simplement une infamie. Il assure au préalable son chapeau sur sa tête, il se boutonne majestueusement et se ceint d'une écharpe; ce monsieur, ainsi travesti en personnage officiel représente le gouvernement de la France; il était digne de ce hoix. Il gravit lourdement les échelons et parvient à hisser au ommet du mur, sa courtaude rotondité. Entraîné par l'exemple le son valeureux chef, un agent de la police, déguisé en civil, grimpe à sa suite et s'installe sur la muraille à côté de M. Forané Michel. Un cri unanime de réprobation accueille l'apparition du commissaire sur le mur de clôture; il s'appuie à la naison, et se tient dans une position ridicule. Sur ses ordres, 'agent qui l'accompagne attire péniblement à lui l'échelle qui eur a servi à escalader le portail. Et pendant ces quelques ninutes employées à ces préparatifs du siège, cet homme qui ecevait en souriant, il n'y a qu'un instant, les foudres de 'Église, était obligé de courber la tête sous les quolibets que ui lançaient du haut des fenêtres du couvent, les témoins des Pères dont l'indignation se traduisait en mots piquants, en raits acérés et en expressions vengeresses. C'était la justice mpitoyable des hommes faisant suite à la malédiction de Dieu.

L'échelle est de nouveau appuyée au portail à l'intérieur, et a descente s'opère avec la même grâce. Sur le sol du jardin, le commissaire reprend ses sens, répare le désordre de sa toilette et s'empresse de mettre des gants de couleur douteuse. Flateur de commissaire ! une attention aussi choisie, une allusion aussi délicate devait nécessairement attirer à son auteur la bienveillance des hauts bonnets de la police. Une nomination à un poste d'avancemement à Toulouse, qui arriva peu de temps après ne surprit personne. Pour quelle raison M. Foruné Michel refusa-t-il, c'est un mystère. Certains malins prétendent qu'il attendait le ruban rouge. Allons citoyen, un peu de patience; vous aurez d'autres occasions de montrer votre savoir-faire. Mais à la première opération qui vous sera confiée, prenez mieux vos précautions; gantez-vous de frais et prenez-moi du gris-perle.

Correctement ganté, le commissaire se met en devoir d'attaquer la porte qui avait été fortement consolidée par de fortes traverses en chêne, fixées au moyen d'énormes vis. Ce travail dura 30 minutes. Il fallut un formidable levier en fer pour venir à bout de cette première barricade. Mais enfin la porte cède et laisse le champ libre aux envahisseurs. Les défenseurs du couvent suivent attentivement les démarches de la bande policière, afin de se porter immédiatement à l'endroit menacé.

Le commissaire et ses agents font le tour du couvent, et, sur les indications de l'amateur de choux, s'attaquent à une fenêtre du rez-de-chaussée, qui donnait accès dans une office et de là dans l'intérieur de l'escalier. La fenêtre vole en éclats et l commissaire entre par cette brèche ouverte, soulevé sur le épaules de ses agents.

Mais l'éveil a été donné et de tous les côtés accourent le gardiens du couvent; en un clin d'œil la porte de l'office, pa laquelle on pénètre dans l'intérieur de la maison, est solide ment barricadée, on amoncèle les obstacles; tout est bon pou cet objet; bancs et tables, madriers et pièces de bois obstruen le passage. Il fallut encore employer les leviers en fer; sou les coups répétés de ces béliers énormes, la porte est abattu et la barricade, dernier effort d'une défense improvisée, s'é miette et s'affaisse. L'ennemi est dans la place.

Subitement et comme par enchantement, au tumulte d l'assaut, succède le silence le plus absolu. Tous les témoins s sont réfugiés dans les cellules qui leur ont été assignées; tou le monde s'enferme et se barricade. Seule, se fait encore en tendre la voix de la cloche, dernier écho de la douleur catho lique. Ce son agace le commissaire, chez lequel il doit éveille quelque salutaire et importun souvenir d'éducation chétienne Il se met à la recherche de l'escalier caché qui conduit au clocher; il rencontre sur son chemin MM. Etienne Rayet, Chaisemartin, magistrat démissionnaire et Clappier, avocat; et a l'impertinence de leur demander où se trouve cet escalier. Ces messieurs essayent sans succès de lui faire comprendre l'étrangeté de sa question.

Et pendant ce temps la cloche sonnait, sonnait toujours. Guidés par le son, les agents de la police trouvent enfin ce passage étroit qui donne accès dans le clocher. Depuis trois quarts d'heure, M. Aimé Brissaud, remplissait vaillamment la mission que lui avait confiée le R. P. Gardien. C'est à lui que s'adresse l'agent de police qui ouvre la marche.

— Arrêtez-vous, lui dit-il.

— Monsieur, je ne vous connais pas, répond M. A. Brissaud, et je n'ai pas d'ordre à recevoir de vous.

— Arrêtez-vous !

— J'ai reçu un ordre que je dois exécuter jusqu'à la fin.

— Allons, voyons, ne faites pas de résistance, je vous dis de vous arrêter.

— Je vous répète, monsieur, que j'ai reçu un ordre, et que je l'exécuterai.

Durant ces quelques mots échangés, les trois autres agents avaient rejoint le premier. L'un d'eux saisit violemment la

;orde, pendant que les trois autres entourèrent M. A. Brisaud, et se saisirent de lui. Abandonnée à elle-même, la cloche onna encore quelque temps ; mais bientôt elle ralentit sa ;ourse, et pendant quelques secondes encore, elle tinta faiblement le glas de la liberté, puis elle se tut.

Ce premier succès obtenu, le commissaire descend au prenier étage; mais ne sachant par quel côté il commencera son euvre de démolition, il remonte au second étage; parcourt iévreusement le corridor qui sépare les cellules, s'arrête de emps en temps essayant de saisir quelque parole ou quelque ɔruit indicateur; mais un silence de mort règne dans le cou'ent. Il redescend au premier étage, et se décide enfin à attauer la première cellule.

Nous suivrons désormais le commissaire, nous arrêtant à :haque cellule, et nous raconterons simplement les divers ncidents qui se sont produits. Pour être plus complètement :xacts, nous laisserons la parole aux témoins des Pères.

Première cellule.

Cette cellule, ordinairement occupée par le R. P. Pierre l'Alcantara, est attaquée la première. La porte est enfoncée; nais la cellule est vide; le Révérend Père, malade depuis ongtemps, avait été transporté à l'infirmerie du couvent.

Deuxième cellule.

La deuxième cellule est immédiatement attaquée; on y pénètre violemment; elle est également inoccupée.

Troisième cellule.

La troisième cellule sert d'oratoire inférieur; elle est située ɔrès de l'infirmerie; les religieux malades peuvent y célébrer a Messe. Les crocheteurs officiels font sauter la serrure et sont désappointés de ne trouver personne. Le dépit du commissaire se traduit en paroles où l'irritation et la menace se croisent : « Nous serons donc bredouilles, s'écrie-t-il. On veut « me forcer à commettre des actes de vandalisme ! »

Quatrième cellule. (Infirmerie.)

R. P. PIERRE D'ALCANTARA

Témoins : M. le docteur de COMEAU et M. P. COUSSEYROUX, avocat.

Le commissaire, sans frapper et sans faire aucune sommation, donne ordre au serrurier Jarraud, fils, d'introduire ses crochets et rossignols dans la serrure. Mais cette opération est inutile, la porte étant barricadée intérieurement. Il fallut employer le ciseau et le marteau; sous la puissante pression du serrurier et des agents, la porte céda.

Le R. P. Pierre d'Alcantara est étendu sur son lit; il est assisté de M. de Comeau, docteur en médecine, et de Me Cousseyroux, avocat.

— Vos noms et prénoms? s'écrie le commissaire central en pénétrant dans la cellule.

Me Cousseyroux, se faisant connaître, demande en vertu de quel droit le commissaire central s'est permis de faire crocheter et enfoncer la porte de l'infirmerie.

— En vertu des Décrets du 29 mars, que vous connaissez, lui fut-il répondu.

— Mais, vous n'avez, monsieur le commissaire central, pour ramener ce Décret à exécution, ni mandat du juge d'instruction, seul chargé au nom de la loi, de poursuivre les associations et réunions qui sont illicites, ni même une instruction écrite de M. le préfet de la Haute-Vienne; du moins vous n'en présentez aucune?

— Conduisez-moi devant le Père Gardien, ajouta le commissaire central, et je ferai connaître les instructions qui m'ont été données.

— Je ne suis point chargé de cette mission; du reste vous avez là vos hommes.

— Alors, messieurs, veuillez sortir.

— Nous ne céderons qu'à la violence.

Telle fut la dernière réponse de MM. Cousseyroux et de Comeau.

Entraîné par deux agents, Me Cousseyroux proteste de nouveau et de toutes ses forces contre la violence qui lui est faite.

M. le docteur de Comeau ayant déclaré que le R. P. Pierre d'Alcantara ne pouvait être transporté en dehors du couvent, dans le triste état de santé où il se trouvait, M. le commissaire autorisa le Révérend Père à rester dans la cellule, juqu'à la fin de l'expulsion des autres Religieux. M. le docteur de Comeau obtint la permission de rester avec le malade.

Cinquième cellule.

Frère ANTOINE

Témoin : M. A. ARQUEYROLLE.

Comme à la précédente cellule, le commissaire, sans faire la moindre sommation, ordonne au serrurier d'attaquer la serrure avec le ciseau et le marteau; la serrure cède, mais la porte, solidement étayée à l'intérieur résiste à tous les efforts. Il fallut employer la masse en fer dont il a été déjà question; la porte vole en éclats et laisse passage aux agents de la police.

Le commissaire entre et s'adressant à M. Arqueyrolle :

— Veuillez sortir, monsieur, lui dit-il, nous n'avons pas affaire avec les civils.

— Etant chez les Pères dont je suis l'ami et l'hôte, répond M. Arqueyrolle, je suis chez moi et je n'en sortirai que contraint et forcé.

Sur l'ordre du commissaire, deux agents saisissent M. Arqueyrolle et l'entraînent. Celui-ci proteste contre la violence qui lui est faite ; « je cède à la force, dit-il au greffier du commissaire, mais je fais réserve de tous mes droits de citoyen français. » Puis s'adressant à l'agent qui le tenait au collet : « De quel droit m'emmenez-vous? Vous n'avez aucun caractère officiel pour m'arrêter, je ne vous connais pas. »

Il fallut requérir deux agents en costume; M. Arqueyrolle se laissa alors entraîner.

Restait le Frère Antoine qui, sommé par le commissaire de sortir de sa cellule, s'y refusa énergiquement. Ce jeune Frère à genoux aux pieds de son crucifix, avait demandé à Dieu la faveur d'être expulsé le premier. Sa prière fut exaucée. Appréhendé par deux agents, le Frère Antoine sort le premier de ce monastère béni de Louyat, le premier il souffre persécution pour la justice.

Il s'avance calme et résigné, flanqué des deux agents qui mesurent leurs pas sur le sien ; d'une voix ferme il chante les versets du Psaume : « *Miserere mei Deus, secundum magnam misericordiam tuam !* » Il s'interrompt parfois au milieu de ce chant lugubre et laisse éclater les émotions de son âme : « Oh ! que je suis heureux aujourd'hui, ô mon Dieu, d'être persécuté à cause de vous ! Merci, mon Dieu, qui m'avez fait la grâce d'être appelé le premier à rendre témoignage pour votre cause ! » Aux accents de cette voix connue, les Religieux et leurs témoins se portent aux fenêtres; tous se découvrent et acclament le confesseur du Christ. L'émotion est indescriptible.

Quelques généreux amis ont pu pénétrer au moyen d'une échelle dans le jardin du couvent : MM. Maupetit, père ; Pantout père ; M. le chanoine Marévéry et son frère ; Chaisemartin, accompagnent le Religieux expulsé jusqu'à la porte du jardin. MM. Maupetit père et Dorat le reçoivent et l'escortent jusqu'à l'extrémité du chemin du couvent, où ils attendent les autres Religieux.

Sixième cellule.

Cette cellule sert de décharge; les Religieux y déposaient les objets de la sacristie. Le commissaire fait crocheter la serrure et ne trouve personne.

Septième cellule.

Frère FERDINAND

Témoins : M. l'abbé WAMBERGUE, vicaire du Sacré-Cœur ; M. LÉON DHÉRALDE, M. ARLET, organiste de Saint-Joseph.

Nous laissons M. Léon Dhéralde raconter la scène émouvante qu'on va lire : « J'étais enfermé, nous écrit-il, avec M. l'abbé Wambergue et M. Arlet, dans la cellule d'un tout jeune Frère, de nationalité belge, le Frère Ferdinand. Pendant l'expulsion du Frère Antoine, le jeune Belge priait; parfois un cri d'indignation s'échappait de sa poitrine : « Oh! les bourreaux ! s'écriait-il » ; et penché sur lui, je sentais son corps palpiter. Ce fut bientôt son tour et le nôtre.

Comment ! disait le jeune Frère, j'ai tout sacrifié au monde pour me consacrer à Dieu dans ses pauvres, je ne me suis réservé que la liberté de prier et de le servir sous la règle dont j'ai fait choix et l'on veut me l'enlever ! Non, non ! et alors renversant son grabat, il dressa contre la porte les quatre planches de chêne, sur lesquelles il reposait et y ajouta sa paillasse, et à nous quatre, arc-boutant nos épaules contre cet obstacle, nous retardâmes de quelques minutes l'invasion de la cellule. Sur les débris qui l'encombraient, l'abbé Wambergue les bras croisés, attendait qu'on lui fît violence pour sortir. « Je vous ai vus, leur dit-il, moins braves devant les Prussiens, que devant des moines ! » Sa nationalité quasi belge était une excuse; ceux à qui il s'adressait n'en avaient aucune; on le poussa dehors avec le jeune chrétien notre compagnon.

Ce fut le tour du Frère Convers; il s'étendit sur le plancher, et acculé contre la muraille, avec ses pieds il repoussa quelques instants leurs attaques. Mais se voyant vaincu, il se releva et prompt comme la pensée, il saisit la paillasse restée debout, et la jeta à la figure du commissaire. Entraîné malgré sa résistance, il se cramponna bientôt aux barreaux de l'escalier, et ses mains déchirées, la peau enlevée, témoignaient, quand je l'ai revu de l'énergique résistance qu'il leur avait opposée.

Je me trouvai seul en face de M. Michel, ma vieille connaissance de la rue des Clairettes. « Sortez, me dit-il ; » je ne puis, ni ne veux résister comme l'a fait ce Frère que vous venez d'arracher à sa modeste mais chère cellule, lui répondis-je, je ne sortirai cependant que contraint. Faites ! » Immédiatement deux agents me saisirent au collet et me conduisirent au rez-de-chaussée où se trouvait un groupe de mes amis ; j'avais reconnu l'un des deux agents, et me retournant vers lui pendant qu'il m'escortait :

« Malheureux ! lui dis-je, quel métier faites-vous là ? n'avez-vous pas de pain sur la planche, alors il y des cailloux sur la route ; celui que vous gagneriez à les casser, vous serait moins amer ! Ah ! je suis bien étonné de vous voir là ! » Il me regarda tristement, ses jambes ployaient sous lui.

J'étais dans cette disposition d'esprit, quand M. Michel s'approchant du groupe où j'étais, et s'autorisant sans doute des relations amicales que les derniers événements avaient établies entre nous, puisque deux fois sa main, la main de la police ! s'était posée sur moi ! « Indiquez-moi, je vous prie, me dit-il, la cellule du Père Supérieur ? »

« Vous êtes naïf, monsieur le commissaire, lui répondis-je, si vous comptez sur moi pour faciliter votre besogne, cherchez-là, c'est votre affaire ! »

Ma réponse me valut pour la troisième fois l'honneur d'être appréhendé et poussé dehors ; nous devenions de plus en plus intimes, et les coups de chapeau dont il m'a gratifié à quelques jours de là, le prouvent parfaitement. Je rejoignis les Frères Antoine et Ferdinand que nos amis entouraient et gardaient. »

Huitième et neuvième cellules.

Ces deux cellules, dont la première servait de lingerie furent crochetées ; mais il n'y avait personne.

Dixième cellule.

P. DOMINIQUE

Témoins : M. l'abbé Paul Maupetit, aumônier de Notre-Dame ; M. Emile Chabrol, négociant ; M. Anatole des Courières ; M. Maurice Pénicaut.

Sans aucune sommation le commissaire fait crocheter la serrure ; la porte est enfoncée ; M. Michel pénètre dans la cellule le chapeau sur la tête, se tournant vers les laïques : « Allons, leste ! leste ! leur dit-il, sortez, les civils ! vous n'avez pas la même raison d'être ici que ces messieurs » ; il désignait du regard le P. Dominique et M. Maupetit.

— Monsieur, répondaient les laïques, nous sommes ici chez le P. Dominique ; nous ne céderons qu'à la force.

Sur l'ordre du commissaire, des agents saisissent MM. E. Chabrol, Anatole des Courières et Maurice Pénicaut et les expulsent malgré leurs énergiques protestations.

Se tournant alors vers M. l'abbé Maupetit, M. Michel le somme de sortir; M. l'abbé Maupetit s'y refuse et motive énergiquement son refus. A ces observations, le commissaire se contente de répondre : « Parfaitement. » M. Michel a pour cet adverbe une prédilection marquée; nous avons pu nous en convaincre pendant les longues heures de l'exécution. A toutes les protestations indignées des témoins, à tous les mots sanglants que nous lui lancions à la face, ce commissaire n'avait qu'une réponse monotone, invariable : Parfaitement!

Appréhendé par deux agents M. l'abbé Maupetit se retourne vers le commissaire, et avant de quitter cette cellule de laquelle on l'arrache violemment au mépris de la loi : « Monsieur, lui dit-il tristement, l'acte dont vous vous rendez coupable va attirer sur vous la malédiction de Dieu; je fais des vœux pour qu'elle ne retombe pas sur les vôtres.

— C'est bon ! c'est bon ! je connais ça !

Les deux agents requis hésitent à porter la main sur le prêtre; ils le prient de vouloir bien sortir de bonne grâce et de leur épargner cette triste besogne. L'un d'eux va même jusqu'à exhorter M. l'abbé Maupetit à la patience et lui faire entrevoir les mérites qu'il peut acquérir, par une résignation toute chrétienne et une soumission absolue à la volonté de Dieu. Nous avons appris depuis que ce théologien en uniforme était un ancien séminariste sorti du grand séminaire de Tulle.

Expulsé du couvent, M. Maupetit se retourne une dernière fois vers son escorte :

« Au revoir, messieurs, au revoir! nous nous retrouverons peut-être un jour ensemble, prêtres et soldats, collés au même mur, pour être fusillés, comme en 1871, c'est de cette façon qu'on récompensera les services que l'on exige aujourd'hui de vous. »

Les témoins expulsés, le commissaire se trouve seul en face du P. Dominique.

— Êtes-vous le Supérieur ? lui dit-il.

— Non, monsieur, je ne le suis pas.

— Cela importe peu du reste ; je vous somme au nom de M. le préfet de la Haute-Vienne, d'avoir à quitter cette maison.

— Je ne reconnais pas à M. le préfet le droit de me chasser de mon domicile ; je refuse absolument d'obtempérer à vos ordres.

— Je serai donc obligé de vous faire expulser par les agents de l'autorité.

— Faites comme bon vous semblera ; je proteste contre les mesures violentes dont vous vous disposez à user à mon égard.

A ce moment une altercation assez vive entre des laïques expulsés et des agents de la police ayant nécessité la présence du commissaire dans le corridor, celui-ci, soit trouble, soit oubli, néglige de faire sortir le P. Dominique. Ce dernier, reste donc dans sa cellule près d'une heure, jusqu'après l'expulsion du R. P. Gardien. A ce moment seulement le commissaire donne des ordres ; les agents de la police mettent la main sur le P. Dominique et l'expulsent du couvent. MM. Maupetit père et Dorat, le reçoivent et l'escortent jusqu'au bas du jardin du couvent, où attendent les Pères expulsés, qu'entourent nos amis.

La onzième cellule était inhabitée ; la porte a été cependant crochetée puis enfoncée.

Douzième cellule.

Le R. P. SIMON, Gardien du couvent de Louyat.

Témoins : M. l'abbé Ardant, chanoine honoraire, secrétaire de l'Évêché, représentant Monseigneur l'Évêque, propriétaire ; M. J.-P Jouhannaud, ancien avoué, syndic des RR. PP. Franciscains ; M. Amédée Lamy de la Chapelle ; M. Alexandre Maupetit, négociant.

En attendant les crocheteurs, le R. P. Simon, Gardien, et ses témoins, avaient imploré à genoux le secours de Dieu, et demandé pardon pour les persécuteurs. Retrempés par cette prière, ils attendaient dignement les agents du préfet. Le R. P. Simon assis, et le capuce sur la tête est assisté, à droite de M. Alexandre Maupetit, à gauche de M. J.-P. Jouhannaud ; M. l'abbé Ardant et M. Antoine Lamy de la Chapelle se tiennent en face du Révérend Père. De temps en temps, et lorsque les cris de la foule annoncent une nouvelle expulsion, le R. P. se lève, se met à la fenêtre de sa cellule et envoie sa bénédiction paternelle aux Religieux qu'entraîne la police. Nous nous souvenons encore avec émotion des sentiments douloureux qu'éveillait dans le cœur du Père cette séparation violente d'avec ses fils en Saint-François ; comme il souffrait le bon Père ! et comme nous partagions bien sa douleur ! La foule qui avait envahi la muraille basse du cimetière, se composait presque en totalité de personnes sympathiques. Plusieurs ont aperçu le P. Gardien et l'ont reconnu ; des acclamations s'élèvent ; les chapeaux et les mouchoirs s'agitent, et soudain tous les fronts s'inclinent ; car devinant les désirs de cet excellent peuple qu'il a évangélisé si souvent, le Père s'est penché en dehors de sa fenêtre et élevant son Crucifix, bénit avec amour cette foule qui le salue de loin. Trois fois cette scène touchante se reproduit et nous remplit d'émotion. C'était encore le triomphe, le triomphe du jour des Rameaux, précédant de quelques heures les épreuves douloureuses du Chemin de la Croix et de la Passion.

Le moment est venu ; la bande officielle s'arrête devant la cellule du R. P. Simon.

Les témoins du R. P. avaient tiré les verrous de la porte ; c'est en vain qu'on tenta de la crocheter. Il fallut encore employer le ciseau et le marteau. Dans ces efforts répétés la serrure céda ; puis on attaqua les verrous ; arrachés violemment par le ciseau ils tombent à terre et un morceau se détachant, est projeté avec force jusqu'à l'extrémité opposée de la cellule.

La porte s'ouvre et le commissaire apparaît.

Il s'avance rapidement et s'arrête en face du R. P. Gardien, toujours assis entre ses deux témoins.

— Êtes-vous le Supérieur? lui dit-il en se découvrant.

Le R. P. Simon lève la tête, fixe l'agent de la police et ne répond pas. D'un mouvement instinctif, les laïques assurent solidement leurs chapeaux sur leur tête.

— Est-ce à monsieur le Supérieur, que j'ai l'honneur de parler? répète le commissaire.

Pour la seconde fois le R. P. Simon le regarde d'un air attristé et ne répond pas.

— Mais enfin, s'écrie M. Michel, il faut bien que je le sache, ai-je l'honneur de parler à monsieur le Supérieur?

S'avançant alors gravement, M. Alexandre Maupetit se place entre le R. P. Gardien et le commissaire, et se découvrant devant le P. Simon, il riposte : « Vous dites fort bien, monsieur le commissaire, c'est au R. P. Simon, Gardien du couvent de Louyat, que vous avez l'honneur, l'insigne honneur de parler. »

— Parfaitement ! Eh bien, monsieur le Supérieur, j'ai à vous communiquer un arrêté de M. le préfet de la Haute-Vienne, en vertu duquel, je suis chargé, d'exécuter ici les Décrets du 29 mars.

— Quels décrets osez-vous invoquer? monsieur le commissaire, répond le P. Gardien. Je suis ici le locataire de Monseigneur l'Evêque de Limoges, propriétaire de l'immeuble de Louyat; j'habite cette maison en vertu des lois de mon pays. Et vous, monsieur le commissaire, vous les violez ces lois protectrices du domicile des citoyens français, en pénétrant criminellement dans ma demeure. Je proteste et je ne sortirai pas.

— Parfaitement, monsieur le Supérieur : je vais vous donner lecture de l'arrêté de M. le préfet. Le commissaire déploie l'arrêté préfectoral et s'installe sur la table du Père.

— Comment vous appelez-vous ?

— Je suis électeur à Limoges, monsieur le commissaire ; vous pourrez trouver mon nom à la mairie, sur les listes électorales.

— Mais, monsieur le Supérieur, je n'ai pas le temps d'aller à Limoges.

— Nous avons tout le temps, monsieur le commissaire, il n'est pas encore neuf heures du soir.

Sur le conseil de M. J.-P. Jouhannaud, le R. P. Simon se décide à répondre : « Ecrivez, dit-il, François Valadier, très heureux aujourd'hui d'être Religieux, et de souffrir pour la justice. »

— Parfaitement, mon Révérend, mais cela est inutile. Le commissaire commence alors la lecture de sa pièce officielle :

— « Aujourd'hui, 5 novembre 1880, à 11 heures du matin » ;

— Rectifiez l'heure, monsieur le commissaire, il est une heure de l'après-midi, soyez au moins exact ; il y a déjà deux heures que vous commettez ici des actes de vandalisme.

— Parfaitement, messieurs, je corrige l'heure sur le procès, verbal, mais je vous prie de garder le silence, ou je vous ferai expulser.

Et le commissaire, de son air le plus tranquille débite son petit boniment sans la moindre hésitation. L'arrêté, dit-il en terminant, est signé : Massicault, préfet de la Haute-Vienne.

A ce nom, le Père Gardien se retourne vers ses témoins :

— Entendez, messieurs, entendez-bien ce nom, Massicault ! Massicault ! c'est le nom de mon ancien condisciple d'Iseure ; car M. le préfet de la Haute-Vienne, est ainsi que moi un ancien élève de ces mêmes Jésuites, qu'il a déjà chassés de Limoges! Ah! quel chemin différent nous avons suivi l'un et l'autre!

— Tout cela ne me regarde pas, reprend M. Michel; armé de ce Décret, je vous signifie d'avoir à quitter la maison; mais auparavant faisons sortir ces messieurs, dit-il en montrant les témoins du Révérend Père.

M. Amédée de la Chapelle le plus rapproché du commissaire est le premier saisi et expulsé.

Au moment où le commissaire ordonnait aux agents de faire sortir M. l'abbé Ardant, ce dernier s'avance vers M. Michel :

— Je ne sortirai pas, monsieur, avant d'avoir rempli la mission que m'a confiée Monseigneur l'Evêque de Limoges, propriétaire du couvent de Louyat. Comme son mandataire, je proteste de toute mon énergie contre la violation de ce domicile, je fais au nom de Monseigneur toutes mes réserves; il viendra un temps où vous aurez à rendre compte à la justice de l'acte inique que vous venez de commettre.

Sur un doute émis par le commissaire au sujet de la validité de l'acte de propriété invoqué par M. le secrétaire de l'Evêché, M. l'abbé Ardant exhibe cet acte qui établit le droit de propriétaire de Monseigneur l'Evêque de Limoges sur le couvent de Louyat, et d'autre part, il montre le bail régulier et enregistré, passé entre l'Evêque de Limoges, propriétaire, et les Religieux, locataires.

— Nous avons, dit-il, la bonne fortune d'avoir parmi nous, M. Jouhannaud, ancien avoué, dont l'honorabilité et la compétence sont connues de tous; je fais appel à ses connaissances d'homme d'affaires et le prie d'attester hautement la validité des pièces que je lui soumets.

— Ces pièces, répond M. Jouhanneaud, sont très régulières, ainsi que monsieur le commissaire peut s'en convaincre; elles établissent d'une manière indiscutable le droit imprescriptible des Religieux Franciscains à habiter le couvent de Louyat; elles déterminent par contre la grande responsabilité qu'assument ceux, qui, au mépris des lois françaises garantissant l'inviolabilité du domicile et la liberté individuelle, ont osé pénétrer criminellement dans cette maison et osent en expulser ceux qui l'habitent légalement.

— Je suis étonné, monsieur Jouhannaaud, de vous trouver ici; je m'étonne en outre de voir un ancien avoué qualifier de la sorte un acte administratif; veuillez parler plus respectueusement devant la loi.

— J'ai toujours respecté la loi, monsieur le commissaire, pendant le cours de ma longue carrière d'avoué; et je prétends témoigner aujourd'hui encore de mon profond respect pour elle, en stigmatisant comme il convient, l'acte que vous commettez en ce moment.

— Pas tant d'explications, sortez immédiatement.

— Nous ne sortirons pas, répondent les témoins.

— Agents, faites sortir ces messieurs.

M. l'abbé Ardant est saisi par deux agents qui s'efforcent de l'entraîner. M. Jouhanneaud et M. A. Maupetit, après une énergique résistance, sont enlevés à leur tour.

Le R. P. Simon, Gardien du couvent, proteste alors avec la plus noble énergie, au nom de la liberté et des lois, contre la violence qu'il subit ; il force le commissaire, visiblement fatigué, à écouter jusqu'au bout sa protestation, ainsi conçue :

« Je déclare que je suis citoyen français, prêtre catholique et supérieur de la maison ecclésiastique de Louyat ; qu'en vertu d'un bail, enregistré, consenti par Monseigneur l'Évêque de Limoges à moi et à MM. Louis Saniez, César Carlier, Dominique Marquet et Maurice Rupert, j'ai établi avec eux légalement mon domicile dans cette maison ; que moi et les prêtres sus-nommés nous avons été appelés par les Évêques de Limoges pour célébrer les cérémonies religieuses dans le cimetière et pour exercer les fonctions de prêtres auxiliaires dans le quartier et dans tout le diocèse ; que pour remplir ces diverses fonctions, il est nécessaire que nous habitions ensemble dans cette maison, et que nous ayons le droit de vivre en commun, non seulement d'après la volonté de l'Évêque, d'après le droit ecclésiastique, mais encore d'après le droit public et civil ; que, d'après toutes les constitutions qui régissent la France et d'après le Concordat qui proclame la liberté du culte, nous avons le droit d'exercer librement sous l'autorité de l'Évêque le ministère ecclésiastique, et de vivre comme nous l'entendons, selon nos règles et nos obligations de conscience ; que l'ouverture d'une chapelle est la conséquence nécessaire des fonctions sacerdotales que nous sommes appelés à remplir ; que cette chapelle a été autorisée et bénite par l'un des prédécesseurs de Mgr Duquesnay, et qu'elle est nécessaire pour les besoins religieux d'un quartier éloigné de toutes les églises paroissiales de la ville.

» Je déclare donc m'opposer, tant en mon nom qu'en celui de prêtres sus-nommés :

» 1° A la violation de notre domicile ;

» 2° A la violation de notre droit de vivre en commun comme prêtres et comme religieux, et d'exercer le ministère que nous a confié l'Evêque;

» 3° A la suppression de notre chapelle.

» Je proteste énergiquement contre tous les actes qui porteraient atteinte à ces droits, et je me réserve d'en poursuivre les auteurs devant les tribunaux compétents.

» François VALADIER (en religion P. SIMON). »

« Et maintenant, messieurs, permettez-moi de vous parler comme prêtre, et de vous dire combien j'ai pitié de vos âmes.

» Vous allez mettre la main sur des prêtres, des Religieux; vous encourrez par cet acte les peines de l'Eglise : vous serez excommuniés.

» Vous avez été baptisés sans doute ; vous avez fait votre première communion ; vous avez de la famille : songez sérieusement à ce que vous allez faire.

» De plus, écoutez :

» Notre-Seigneur Jésus-Christ a dit à Saint François, notre père et notre fondateur, que quiconque persécuterait son Ordre serait gravement puni du Seigneur, que ses jours seraient abrégés et sa fin mauvaise. »

L'émotion a gagné jusqu'aux agents qui entouraient le commissaire; on en a vus se détourner pour essuyer une larme furtive.

En ce moment, le vicaire général, M. de Bogenet, est venu protester à son tour.

Retenu à l'évêché jusqu'à midi par le conseil épiscopal, il n'avait pu assister au commencement de la déplorable exécution : après avoir été arrêté à une certaine distance du couvent par les agents de la police, il avait pu, au moyen d'une échelle, s'introduire dans le monastère et arriver jusqu'à la cellule ou se trouvait le commissaire central. Là, en présence de M. Marévéry, secrétaire de Mgr l'Évêque et de plusieurs hommes honorables, il a fait la protestation suivante :

« Monsieur le commissaire,

» Au nom de Mgr l'Évêque de Limoges, que je représente légalement en vertu de mon titre de vicaire général, et que je représente en outre en vertu du mandat spécial qu'il m'a donné, je proteste contre la violation du domicile des Pères Franciscains, qui sont ses locataires par suite d'un bail sous seing privé du 15 septembre dernier, dûment enregistré, et contre la violation de cette propriété, qui a été acquise au nom de l'évêché de Limoges.

» Je proteste encore, au nom de l'Évêque de Limoges, contre l'expulsion des Prêtres Franciscains, qui ont été appelés par les Évêques de Limoges, en vertu de leur juridiction ordinaire, pour remplir les fonctions d'aumôniers des dernières prières, présider les cérémonies funèbres qui s'accomplissent dans le cimetière de Louyat, et exercer dans tout le diocèse les fonctions de prêtres auxiliaires.

» Je proteste contre cette expulsion illégale et arbitraire, parce que l'Évêque est le supérieur, le protecteur et le défenseur de ces prêtres, appelés par lui et ses prédécesseurs, et placés sous sa juridiction.

» Je proteste contre l'apposition des scellés sur une porte quelconque de la maison et en particulier sur les portes de la chapelle, dont ses prédécesseurs ont autorisé l'ouverture, pour les besoins religieux de la population de ce quartier, éloigné de toutes les églises paroissiales de la ville.

» Je vous avertis enfin, monsieur le commissaire, ainsi que tous ceux qui prennent part à ces coupables et illégales mesures que vous encourez les peines graves portées par les Souverains Pontifes contre tous ceux qui édictent des lois ou décrets contre la liberté et les droits de l'Église, ou qui portent des mains violentes sur des ecclésiastiques ou des religieux. »

Mais l'œuvre d'iniquité devait être accomplie malgré toutes les protestations. Tous les Religieux et leurs défenseurs sont appréhendés par les agents et conduits à l'extrémité du chemin qui de la maison des Pères aboutit à la route.

Enfin, les pieuses chrétiennes qui, depuis le matin, priaient dans l'humble chapelle des Pères, sont aussi expulsées, et partagent l'honneur d'être accompagnées par les hommes de la police. En sortant elles présentent aux Religieux des couronnes et des bouquets de fleurs.

La triste besogne est terminée par l'apposition des scellés sur la chapelle. Les Religieux, au nombre de dix, abandonnent leur établissement absolument ravagé, et suivis de leurs amis prennent le chemin de la ville ; pendant trois quarts d'heure, ils sont escortés par une foule de voyous et d'habitués de la correctionnelle, qui sont sans doute les auxilliaires des crocheteurs, hurlant la *Marseillaise*, « Les jésuites sac au dos ! A bas la calotte ! » et autres gentillesses dans le goût du jour. La police républicaine s'est bien gardée de protéger les expulsés.

Dans le parcours les victimes des Décrets ont été saluées par un sergent-major d'infanterie, que les voyous ont aussitôt hué, en criant : « A bas l'armée ! Enlevez-le ! »

Mais un spectacle plus consolant attend le cortège aux abords de la cathédrale où il s'est rendu tout d'abord. Près de la basilique, une foule nombreuse acclame les Pères : chacun tient à recevoir la bénédiction des persécutés.

Après une prière faite en commun au pied du Saint-Sacrement, le R. P. Simon remercie en termes émus les amis de la dernière heure ; puis il se dirige, suivi de ses Frères, vers la maison de M. Maupetit, demeure hospitalière, qui s'ouvre aux proscrits grande comme le cœur de ses propriétaires.

Terminons cette relation en donnant le texte de la belle protestation des conseils et amis des Pères, avec leurs signatures :

« Nous, soussignés, en qualité d'amis et de conseils des prêtres appelés Religieux Franciscains, qui sont tous citoyens français, et en notre propre qualité de citoyens français.

» 1° En vertu du droit civil qui garantit à tous les citoyens l'inviolabilité et la liberté de leur domicile, nous protestons contre l'invasion illégale d'agents qui, sans aucun mandat de justice et en dehors de tout délit, ont pénétré de vive force dans le couvent de Louyat ; nous protestons contre l'expulsion brutale des Pères, et contre notre propre expulsion, qui viole le droit d'être admis dans le domicile des Pères, pour profiter de leur société et leur donner nos conseils et notre assistance;

» 2° En vertu des lois ecclésiastiques et du Concordat, qui a force de loi en France, et qui proclame le libre exercice de la religion catholique et la publicité du culte, d'où découle pour tous les catholiques le droit de se réunir pour habiter ensemble et pratiquer un genre de vie approuvé par l'Eglise, nous protestons contre la dissolution illégale et sacrilège, par l'autorité administrative civile, des associations religieuses, et en particulier contre la dissolution du couvent de Louyat ;

» 3° En vertu du droit public qui régit la France, et qui proclame la liberté absolue de conscience, la liberté de tous les cultes, et qui assure à tous les citoyens la protection du gouvernement en faveur de ce culte, nous protestons contre ces mesures de l'administration civile, qui, loin d'être une protection pour assurer le libre exercice de notre culte, constituent une immixtion coupable et arbitraire dans les institutions catholiques, un attentat contre le culte catholique, contre le droit de tout Français de professer ce même culte et contre le droit spécial des Pères Franciscains ; et, dans la violation à leur égard de ce principe du droit public, nous voyons une atteinte portée à notre liberté de catholiques, de chrétiens et de citoyens.

» En foi de quoi nous avons signé la présente protestation, et nous demandons qu'elle soit insérée au procès-verbal. »

Ont signé la présente protestation :

MM.

J.-P. Jouhanneaud. — Alex. Maupetit. — E. Rayet. — Paul Maupetit. — P.-V. Bouillaud. — Albert Pénicaud. — Maupetit. —Henry Ardant, ch. hon., secr. de l'évêché. — J.-B. Laroudie. — A. Malevergne de la Faye, juge suppl. au trib. civil. — A. Lamy de la Chapelle. — J. Dorat. — P. Pouret. — L. de Comeau. — Reix. — Hipp. Jouhanneaud. — J. Pautou. — F. Cibot. — M. Pezaud. — J.-B. Arlet. — P. Cousseyroux, avocat. — A. Argueyrolles. — Th. de Catheu, ancien chef de cabinet du ministre de l'intér. — A. de Saint-Martin. — Marquis de Bagnac. — A. Brissaud. — A. Barbou des Courières. — Chaisemartin. — Léon Dhéralde. — A. Thévenin. — J. Groussaud. — Henri Pouret. — Poumarède. — E. Chabrol. — Maurice Pénicaut. — Ernest Pénicaut. — Cousseyroux. — J.-B. Mazaudon.

PAU, samedi 6 novembre.

Insérons d'abord le procès-verbal rédigé par les témoins eux-même.

Depuis plusieurs jours, avertis par la rumeur publique et par les exécutions qui avaient eu lieu dans le reste du territoire, de nombreux citoyens passaient leurs journées et leurs nuits au couvent des PP. Franciscains : Mes Forest, Guichenné, Riquoir, pour les assister de leurs conseils, les autres pour constater les faits qui accompagneraient l'expulsion.

Le samedi, 6 novembre mil huit cent quatre-vingt, étaient présents dans le monastère :

MM. Forest, avocat, ancien bâtonnier, chevalier de la Légion-d'honneur; de Lagrèze, sous-intendant militaire en retraite; Gérard, comte de Beaumont, Camy, d'Astorg, O'Quin, avocat; Jaudet, pharmacien ; V. de la Fuye, ancien substitut près le tribunal de la Seine; Sempé, notaire; Guichenné, avocat;

Etienne David, l'abbé Manessier, Clidart, Bourdet, Arnault, Marianne, négociant; Bourdet fils, Barthety, rédacteur au *Mémorial;* de Mézange de Saint-André, ancien vice-président du conseil de préfecture des Basses-Pyrénées; Marianne, Viguerie Charles, Fontaine, graveur; Blaise, baron d'Este, de Villars, avocat; Larousse, Riquoir, avocat; Luscan, Monassut, Poeyarré, architecte; Poeyarré fils, Larreillet, Paul Lafont, capitaine Chatard, comte d'Erseville, marquis de Maupas, Henri de Maupas. Louis de Joantho, sous-préfet en disponibilité; Tristan de Joantho, Ch. Biben, Jougla père et fils, Jamin, le capitaine Ricaud, comte de Luppé, ancien député; de Bournonville, l'abbé Cazajus, Du Breuil, l'abbé Lacastaguarate, Le Fas, ancien sous-préfet; Jacob, Bergerot, Guilhempourqué.

Vers quatre heures et demie du matin, un bataillon du 18e de ligne et de nombreuses brigades de gendarmerie à pied et à cheval, cernaient les avenues qui conduisent au couvent des PP. Franciscains.

A 6 heures, le commissaire central Gallian et les commissaires Lobis, Bourdiol, ceints de leur écharpe, et Piétri, dépourvu de toute espèce d'insignes, pénétraient dans le monastère, suivis de la force armée et de nombreux agents, dont plusieurs déguisés, parmi lesquels les sieurs Capdebosc, Bernuche, Arcabouzet, ces derniers armés de haches et de marteaux de forge.

Leur entrée s'est effectuée, au moyen de l'escalade et de l'effraction, par la porte du chantier de la rue Bié-du-Basque. En même temps, une autre porte donnant sur le boulevard était fracturée et ouverte.

Une fois entrés dans le jardin du couvent, les agents ont fait voler en éclats les deux portes de la sacristie et se sont trouvés dans le cloître du rez-de-chaussée.

Là, a commencé une longue et minutieuse inspection des lieux.

Plusieurs fenêtres ouvrant sur le préau laissaient voir soit les Pères, soit leurs témoins. L'un de ces derniers, M. de Bournonville, a même interpellé les agents. Le commissaire central n'a fait cependant aucune sommation, continuant ses investigations et encourageant ses subalternes par ces paroles : « Allons, mes amis, du courage, ce sera bientôt fini... »

La police s'est dirigée tout d'abord vers la porte ouvrant sur les parloirs, et après l'avoir ouverte, ne trouvant de ce côté aucune issue vers les cellules, elle est revenue sur ses pas, et, sans même essayer de l'ouvrir, a mis en pièces, à l'aide du marteau, une porte adjacente à la sacristie et conduisant, par un escalier, à l'intérieur du couvent.

Au sommet de l'escalier, une première porte vitrée vola en éclats sous les coups des agents.

Au bruit de cette porte fracturée, Mes Forest, Guichenné et Riquoir, avocats, se sont rendus derrière une deuxième porte qui précédait la salle de la bibliothèque dans laquelle ils s'étaient tenus toute la nuit.

Le sieur Gallian s'est présenté à cette porte, et à haute voix a ordonné d'ouvrir au nom de la loi. Mais sans attendre la réponse, il a donné l'ordre d'enfoncer ou plutôt de briser la porte, qui, en effet, a volé en éclats sous les coups de massue des agresseurs.

Alors, les témoins se sont retirés dans la salle de la bibliothèque avec le R. P. Supérieur et son Vicaire, et accompagnés par les agents.

Me Forest s'est présenté et a demandé au commissaire qui il était, pourquoi il s'introduisait violemment dans le domicile des Religieux, en vertu de quel mandat il agissait. Pour toute réponse, le sieur Gallian a ordonné qu'on mît à la porte toutes les personnes autres que les Franciscains (1).

Me Riquoir a voulu lire, au nom du R. P. Gardien, une déclaration contenant ses revendications juridiques, mais le commissaire l'a interrompu en ordonnant à tout le monde de sortir.

Me Forest a pris la parole et déclaré qu'il était l'avocat et le mandataire spécial des Religieux; qu'en cette qualité il avait le droit de les assister dans ces moments douloureux; que l'exercice de ce droit était tellement indispensable qu'il avait des revendications spéciales à formuler. Le sieur Gallian s'est écrié : « Sortez, sortez comme les autres. »

Me Forest a répondu : « Lors de l'expulsion des Jésuites, ma présence a été autorisée par vous-même, monsieur le commissaire, et j'espère que la même autorisation me sera accordée... »

« Sortez! sortez! » répète le commissaire.

« Mais, a dit Me Forest, c'est là une infamie! car, dans les temps les plus tristes de la Terreur, alors qu'on conduisait tant de victimes à l'échafaud, leurs bourreaux ne leur ont jamais refusé

(1) Il est à noter que la conduite de M. le commissaire a été bien différente suivant qu'il s'adressait aux Religieux ou à leurs défenseurs. D'une politesse très grande pour les Pères, M. Gallian s'est montré au contraire tout autre lorsqu'il s'agissait des témoins.

l'assistance d'un défenseur... Louis XVI avait son avocat !.... »

Fatigué de ces observations, le commissaire central s'écrie : « *Empoignez-moi cet homme.* »

En effet, deux gendarmes se sont emparés de Me Forest et l'ont conduit hors de la bibliothèque.

Au moment où le sieur Gallian donnait cet ordre brutal, Me Riquoir s'est écrié dans son indignation : « *Cet homme-là*, monsieur, c'est un vieillard ! c'est un chevalier de la Légion d'honneur ! c'est le doyen de notre barreau ! c'est notre maître vénéré ! Me Forest. Il a droit à votre respect et il est au-dessus de l'injure ! »

Alors, le commissaire a donné l'ordre d'expulser également Mes Riquoir et Guichenné.

Ces derniers, en effet, saisis par deux agents de police, ont rejoint Me Forest qui se trouvait dans le couloir. Là, tous les trois ont protesté et déclaré qu'ils ne sortiraient que par la force. A l'instant, deux gendarmes ont saisi Me Forest, les agents ont saisi Mes Riquoir et Guichenné et les trois ont été traînés à travers les couloirs, un escalier, le préau du cloître et le jardin, jusqu'à la porte ouvrant sur le boulevard d'Alsace, où ils ont été abandonnés.

Le R. P. Gardien, pendant ce temps, prononçait l'excommunication majeure contre les violateurs du domicile et de la personne des Religieux.

Puis commençait le siège des cellules des Pères.

Le P. Apollinaire était assisté de MM. le baron d'Este, de Maupas, de Mézange. — Le P. Gildas, de MM. Le Fas, comte de Beaumont et d'Astorg. — Le P. Joseph, de M. le capitaine Chatard, O. de Lagrèze, Marianne. — Le P. Ludovic, de MM. comte de Luppé, Poeyarré, La Fuye, de Bournonville. — Le P. Fulcran, de MM. le baron de Colomby, comte d'Erseville, de Joantho. — Le P. Grégoire, de MM. de Villars, Lareillet, Ricaud, etc., etc.

La première cellule qui se présente est celle du Père Grégoire, récemment expulsé de Béziers, qui, la veille, était dangereusement malade, et à qui le docteur Cassou avait délivré un certificat, afin qu'il restât dans le couvent.

— « Ouvrez, au nom de la loi, s'écrie le commissaire central. »
— « Avez-vous un mandat de justice? » lui est-il répondu.

— « Ouvrez », répète le sieur Gallian ; et en même temps qu'il prononce ces mots : « Prenez garde d'être blessé », la hache et le marteau s'abattent huit fois de suite sur la porte, qui est mise en pièces. Les panneaux sont projetés au loin, la serrure brisée tombe sur le sol, des éclats de verre se répandent dans la cellule......... et aussitôt apparaissent les trois commissaires.

Sur la demande du P. Grégoire, le sieur Bourdiol donne lecture des décrets et de l'arrêté préfectoral, signé : *de Saint-Albert.*

Le P. Grégoire proteste contre la violation de son domicile.

— Monsieur, répond le sieur Gallian, vous êtes parfaitement dans vos droits ; mais mon devoir est là (*sic*).

Les témoins enfermés avec les Religieux associent leurs protestations à celles du P. Grégoire qui déclare ne vouloir céder qu'à la force ; il est aussitôt entraîné par les agents et séquestré dans la salle de la bibliothèque, où vont le rejoindre bientôt, chacun à son tour, ses confrères expulsés.

La police ordonne aussi aux témoins de sortir. Ceux-ci s'y refusent, demandant en vertu de quel mandat on prétend les chasser.

« Puisque c'est ainsi, répond le sieur Gallian, restez. »

La scène qui vient d'être décrite s'est reproduite dans chaque cellule. Au fur et à mesure de leur expulsion, les Religieux sont séquestrés dans la salle de la bibliothèque.

Les témoins circulent dans les couloirs, allant prêter assistance aux Religieux que l'on chasse, se montrant à la foule qui les applaudit et s'écrie : « Vive Dieu ! vive la liberté ! »

L'un des témoins rappelle au sieur Lobis qu'il est excommunié.

— Il y longtemps que je suis excommunié, répond-il, je suis franc-maçon et je m'en fais gloire ! »

A partir de cet instant, commence une véritable chasse à l'homme. Un Père refuse, sans en avoir reçu l'ordre de son supérieur, d'entrer dans la salle de la bibliothèque ; on l'entoure, on se masse autour de lui, les agents disparaissent dans la foule.

Le commissaire central profite de ce désordre pour disparaître quelques minutes et on le voit revenir bientôt suivi de plusieurs gendarmes et d'un clairon du 18e.

Que les honnêtes citoyens se retirent, » s'écrie-t-il par deux fois..... »

On lui répond : « Nous sommes tous d'honnêtes citoyens....., si les honnêtes citoyens se retirent, que restera-t-il ? »

Aussitôt, sur l'ordre du sieur Gallian, quatre sommations sont faites, le commissaire annonçant que les gendarmes feront usage de leurs armes. Quatre fois le clairon retentit. Les braves gendarmes hésitent.

« Faites votre devoir », s'écrie le commissaire d'une voix étranglée.

Les membres du comité de défense et leurs amis restent là, les uns debout, les autres à demi couchés, les autres à genoux, parmi lesquels un vénérable vieillard, l'aumônier de l'orphelinat agricole, tous offrant leur poitrine aux coups qui les menacent.

L'un d'eux (1) court au-devant du commissaire central, lui disant : « Mais frappez-moi donc, si vous l'osez... »

Les gendarmes, plus humains que le commissaire, restent impassibles; *l'un d'entre eux verse des larmes.*

Les baïonnettes ont reculé devant la barrière de poitrines loyales qui leur était opposée. Si au lieu de braves militaires nous avions eu devant nous les forçats libérés dans lesquels on recrute, depuis quelques mois, les agents de la force publique, le cloître des Franciscains de Pau aurait été souillé du sang de quelques hommes de cœur, et l'assassinat légal aurait suivi de près la violation soi-disant légale.

« Vous nous tuerez jusqu'au dernier, s'écrient tous les témoins, mais nous ne reculerons pas d'une semelle. »

En ce moment, un témoin va trouver le père Apollinaire. Celui-ci, sortant, malgré les agents, de sa retraite, se dirige vers le commissaire et lui dit : « Ce que vos baïonnettes n'ont pu obtenir, je l'obtiendrai par un mot. »

« Faites..... Je vous remercie, Monsieur », répond le sieur Gallian.

Et aussitôt les témoins entourent et suivent les Religieux aux cris de : « Vive la gendarmerie ! »

« Vive la gendarmerie ! répète-t-on dehors, vive Dieu ! Vive la liberté ! »

La plupart des témoins sont refoulés vers le cloître du rez-de-chaussée, où se trouve rangée une compagnie du 18e de ligne.

Quelques retardataires, poussés par les agents, descendent à leur tour, et sont chassés du monastère par les gendarmes.

En ce moment, sur un ordre venu de la police, la première ligne de la compagnie du 18e croise la baïonnette.

Comme dans les couloirs du premier étage, les défenseurs des Pères attendent de pied ferme les coups dont ils sont menacés.

Sur l'ordre du commissaire central, un commissaire et deux gendarmes se rendent auprès du Père Apollinaire pour le prier d'intervenir.

Ce dernier arrive bientôt et fait promettre aux témoins de lui

(1) M. de Mezange, vice-président du comité de défense.

obéir, ils le lui promettent à la condition qu'il restera au milieu d'eux et ne les quittera pas. *Cette condition est formellement acceptée par le sieur Gallian.*

C'est alors que l'on aperçoit, à l'extrémité du couloir, les Religieux que la police conduit vers la sacristie.

Un témoin (1), qui les a vus, donne l'éveil et se précipite, à la tête de ses amis, de ce côté. Malgré les efforts des agents, tout le monde se trouve réuni dans la sacristie. Les Religieux sont entrés dans la chapelle, sauf le Père Apollinaire, qui, *avec l'autorisation du commissaire central*, est resté avec les témoins.

Cependant, les commissaires allaient apposer les scellés sur la chapelle. Le Saint-Sacrement doit quitter l'église. Alors, toutes les personnes présentes entonnent le *Parce Domine*, l'*O Salutaris* et le cantique *Dieu sauve la France!*

La cérémonie terminée, la police procède à l'apposition de scellés sous les yeux de MM. de Lagrèze et de Villars, qui protestent, au nom du R. P. Gardien, contre une mesure attentatoire au droit de propriété.

Quand MM. de Lagrèze et de Villars reviennent auprès de leurs amis, ils les trouvent tenus en chartre privée dans la sacristie, par une compagnie du 18e.

Le commissaire central a fait prier le P. Apollinaire de venir lui parler et l'a enlevé ainsi à ses compagnons, au mépris de la parole par lui donnée, qu'il ne les quitterait pas.

La foule le réclame. Le sieur Gallian, pour calmer son impatience, s'écrie : « *Ma parole ne cache pas de subterfuge.* »

Et cependant vainement le Père Apollinaire essaye d'aller retrouver les témoins, vainement, il rappelle au sieur Gallian sa promesse. On s'aperçoit trop tard de la tactique employée par le commissaire et, de toutes les poitrines s'échappe ce cri : « *Pas de subterfuge!* »

Vainement, un témoin se rend auprès du commissaire pour lui rappeler l'engagement pris de laisser le Père Apollinaire au milieu de ses amis. On lui répond que c'est impossible. Il demande l'autorisation d'accompagner les Pères. Refus du sieur Gallian. Il demande de permettre aux Pères de se rendre à l'église Saint-Jacques où les attend le curé. Nouveau refus.

Bientôt après, le sieur Gallian répondait aux témoins indignés,

(1) Ce témoin est M. le baron d'Est, protestant. Indigné de tout ce qui se passait, il avait déjà joué un rôle magnifique à l'expulsion des Pères Rédemptoristes de Pau.

qui protestaient contre la séquestration arbitraire dont ils étaient l'objet :

« Si vous voulez sortir tout de suite, vous le pouvez, mais à une condition.

« Pas de condition, s'écrie quelqu'un, nous ne sortirons pas... »

Profitant de cette réponse, instantanément, le commissaire central disparaît pour ne plus reparaître.

Alors commence le défilé des Religieux, sous les yeux de leurs amis, qui ne peuvent les accompagner que du regard.

Pendant ce temps, le sieur Bourdiol arrachait brutalement de la fenêtre de la bibliothèque le Père Gildas aux cris de la foule indignée.

Chaque Père traverse le jardin, traîné par un agent, qui le pousse vers la porte de sortie du boulevard d'Alsace.

Le Père Joseph répond au commissaire qui demande par où il faut faire passer les Religieux pour les conduire à la maison Marianne :

« Par où nous voudrons, j'espère. »

Au bout de trois quarts d'heure environ d'attente et de séquestration, les témoins obtiennent du capitaine commandant la compagnie d'être délivrés. Mais, au même instant, paraît au fond du jardin le commissaire Bourdiol. L'officier marche à sa rencontre, quelques mots sont échangés, et l'ordre est définitivement donné de mettre les prisonniers en liberté.

En foi de quoi, et chacun pour attester la vérité des faits qui le concernent, les témoins susnommés, qui assistaient les PP. Franciscains pendant leur expulsion, ont signé le présent procès-verbal. (*Suivent les signatures.*)

A leur sortie, les Pères ont été accueillis par les acclamations les plus enthousiastes : la foule se portait sur leurs pas, les femmes jetaient des fleurs sur leur passage et les ouvriers du quartier baisaient leurs mains avec émotion et respect.

Des milliers de personnes leur servaient de cortège et lorsqu'ils se sont dirigés vers la rue Serviez, les cris de « Vivent les Franciscains ! à bas les Décrets ! vive la liberté ! vive la France ! » se sont fait entendre.

L'indignation soulevait toutes les poitrines, les fleurs tombaient de tous côtés.

Lorsque les proscrits sont arrivés sous le porche hospitalier de la maison Marianne, les cris ont redoublé, la foule s'est agenouillée, et le P. Apollinaire lui a donné sa bénédiction.

La ville de Pau s'est montrée très sympathique aux Religieux et cette sympathie gênait beaucoup le commissaire.

Aussi, dès que les amis des Franciscains s'assemblaient en groupe dans la rue pour protester par leur présence et pour être les témoins de l'attentat, une charge à fond dispersait sans pitié ces citoyens qui croyaient user d'un droit incontestable et sacré.

Tous les serruriers et charpentiers de Pau avaient refusé leur concours aux crocheteurs officiels ; et quelques malheureux agents avaient reçu l'ordre d'abandonner leur uniforme pour revêtir la blouse et s'armer de lourds marteaux destinés à briser les portes et clôtures.

Lorsque le commissaire central et ses complices se sont trouvés devant la porte de la sacristie qui devait leur donner accès dans le couvent, les agents, transformés en crocheteurs, hésitaient...

— Allons, mes amis, de l'énergie! du courage! disait le commisaire, ce sera bientôt fini.

Tandis que s'accomplissait cette scène brutale, une foule indignée, qui se trouvait dans les maisons et dans les champs, faisait entendre d'unanimes protestations : « Vivent les Franciscains! A bas les décrets! A bas les crocheteurs! Vive Dieu! Vive la religion! » Les commissaires, malgré leur audace, décontenancés par cette enthousiaste manifestation, faisaient fermer les fenêtres qui donnaient sur la rue, afin de ne pas entendre les justes revendications du peuple.

Inutile précaution! les cris redoublaient encore.

A ce moment, une des personnes renfermées dans la maison annonce la belle conduite des gendarmes. « Vive la gendarmerie! » s'écrie-t-on de toute part.

Bientôt après un Monsieur, sans écharpe, qui paraissait se donner beaucoup de mouvement, et qu'on disait être un agent de police de la gare passe dans la rue : « A bas l'espion! à bas le mouchard! » Ce cri retentit à ses oreilles chaque fois qu'il passe devant le peuple.

M. le curé de Saint-Jacques, assisté d'un de ses vicaires, veut pénétrer dans le couvent, il veut témoigner aux RR. PP. l'étroite solidarité qui existe entre les prêtres et les Religieux; la gendarmerie ne croit pas pouvoir se départir de ses ordres sévères, et refuse de les laisser pénétrer dans le couvent. M. Bordenave est aussitôt entouré par un grand nombre de ses paroissiens qui l'acclament.

Nous croyons devoir dire ici que M. le curé de Saint-Jacques avait mis à la disposition des Pères l'église paroissiale où ils devaient se réfugier, une fois chassés de leur domicile. Il voulait joindre ses prières à celles des saints Religieux et de ses paroissiens, afin de demander à Dieu grâce et miséricorde.

Les amis des Pères n'épargnaient pas les mordantes observations aux exécuteurs qui rougissaient de honte. Les cris : « Au voleur ! à l'assassin ! au bagne ! » partent du dehors et se mêlent aux cris de : « Vive la liberté ! vive Dieu ! vivent les Franciscains ! »

Un des témoins dit aux commissaires : « Il faut que vous n'ayez pas un morceau de pain à vous mettre sous la dent pour faire un métier aussi déshonorant ! »

Le lendemain. — Nous avons voulu, dit un témoin oculaire, nous rendre compte par nous-mêmes de l'aspect des lieux où se sont produits les actes de l'inoubliable matinée du 6 novembre 1880.

Rien ne peut donner une idée du vandalisme déployé par la bande des policiers. Sur une centaine de portes environ que contient la résidence, vingt-cinq à peine sont intactes ; les débris de panneaux, les serrures fracturées, les matelas éventrés, gisent sur le sol du cloître et témoignent de la brutalité, de la rage aveugle et stupide déployée par les agents.

Le R.P. Gardien, propriétaire de l'immeuble, veut bien autoriser les personnes qui se présentent aux portes de la résidence, à parcourir les cloîtres et à se rendre compte des résultats de la victoire remportée par sept ou huit cents hommes armés, sur une vingtaine de modestes Religieux.

Incidents divers. — Quand les gendarmes quittèrent la façade du couvent pour se rendre au boulevard sur lequel on faisait sortir les Pères, la foule retenue par eux à toutes les issues afflua devant les fenêtres où les Pères se montraient encore. Un cri fut poussé de l'intérieur : « Vivent les ouvriers, les ouvriers de Pau ! pas un n'a voulu faire cette besogne, nous sommes les amis du peuple et de l'ouvrier ! » Un long cri de : Vivent les Pères ! lui répondit.

Quand tous les Pères furent expulsés et renfermés dans la Bibliothèque, ils promirent d'y revenir tous sans résistance si on voulait leur permettre d'assister à la translation du Saint-Sacrement de l'Église dans la chapelle intérieure. Le commissaire le permit et tous revinrent comme ils l'avaient promis. Mais une fois rentrés, ils exigèrent une nouvelle violence pour l'expulsion définitive du couvent. Ils étaient nombreux et les agents disséminés de part et d'autre. Les gendarmes furent donc eux aussi employés à la besogne. Il faut le dire, agents et gendarmes montraient un véritable accablement. Leurs réflexions étaient tristes comme leur travail. L'un d'eux, celui qui était à côté du P. Joseph, lui demandait en grâce de ne pas le forcer à le toucher et ajoutait : *Mon Père, nous sommes plus malheureux que vous !*

Arrivés à la porte de sortie qui donne sur le boulevard, les Pères trouvèrent les gendarmes rangés sur deux lignes et prêts à leur faire *une escorte d'honneur*, ainsi qu'eux-mêmes le disaient. Le P. Gardien était venu lui aussi jeter un dernier regard sur sa communauté dispersée, et donner une dernière bénédiction à ses enfants chassés loin de lui. Des larmes bien amères coulèrent de ses yeux, quand il les vit tous s'agenouiller devant lui, et quand une dernière fois dans cette terrible journée, il les pressa sur son cœur. La foule retenue au loin par la troupe, acclama de nouveau les Religieux.

A 100 mètres environ du monastère, une ligne de soldats, baïonnette au fusil, empêchaient d'avancer. Alors on vit les Pères défiler deux par deux; tout le monde se précipitait devant eux à genoux pour recevoir leur bénédiction ; des agents les escortaient, mais quand le dernier Père fut passé, avant que les gendarmes ne pussent les rejoindre, la foule ferma le passage et descendit tout la ville aux cris de « Vivent les Pères ! » Cette marche fut un triomphe : à toutes les fenêtres les mouchoirs s'agitaient, des groupes saluaient; les gendarmes furent obligés de mettre leurs chevaux au trot pour se frayer un passage et arriver devant la halle en même temps que les premiers Pères.

Devant la maison Marianne où les expulsés devaient recevoir une si généreuse hospitalité, la famille entière se précipita au-devant des Religieux, et M. Louis Marianne vint embrasser tour à tour chacun des Pères en les remerciant de l'honneur qui lui était fait, et en mettant sa maison à leur entière disposition. Les gendarmes plus émus que jamais firent former le cercle, et la foule put admirer ce trait digne des premiers âges de l'Eglise.

Un détail arrivé en ce même moment, montre combien la foule était surexcitée, et à quel point les agents se rendaient compte de leur triste rôle. Une dame un peu trop malmenée par un de ces derniers, se retourne et lui lance quelques épithètes bien choisies. L'agent veut la prendre par le bras, mais elle, d'un revers de main, lui applique le plus joli soufflet qu'un homme puisse recevoir, et... l'agent s'en alla sans mot dire. — Au reste, il est à remarquer que, malgré toutes les insultes et toutes les avanies adressées aux commissaires et aux agents, pas une arrestation n'a été opérée. La police savait à quoi elle se serait exposée en pareil cas.

Dans la foule on entendait ces réflexions : « Maintenant on n'appellera plus la police pour soutenir la justice, puisqu'elle accomplit de tels actes. »

« Comment ! il faut tant de force militaire pour expulser de pauvres Religieux ; il n'est pas étonnant alors que les ennemis battent nos armées ! » etc.

Au moment où le Saint-Sacrement a été transporté, quand on a entendu chanter les Pères et sonner la clochette de la bénédiction, un grand silence s'est fait dans la rue : tout le monde s'est agenouillé, tous les visages étaient émus et baignés de larmes.

Vendredi, vers 5 heures du soir, un étranger se dirige vers le couvent des PP. Franciscains. Il demande à parler aux religieux. Le P. Apollinaire se présente. L'étranger lui serre affectueusement les mains et lui dit : — *Mon Révérend Père, je suis ministre protestant de l'Eglise anglicane ; permettez-moi de vous dire que je suis avec vous par la pensée, et combien je regrette les mesures tyranniques qui vont vous atteindre.*

Samedi, alors que les scellés venaient d'être apposés sur les portes de la chapelle, des femmes du peuple sont venues s'agenouiller sur les dalles de la porte de l'église. Toute l'après-midi les nombreuses personnes qui sont venues visiter le P. Gardien ont pu voir cette touchante manifestation, qui s'est encore reproduite pendant toute la journée du dimanche.

Terminons le récit qui précède par l'importante protestation du R.P. Victor, Commissaire général de Terre-Sainte et propriétaire :

PROTESTATION CONTRE LA FERMETURE DU NOVICIAT

Je soussigné, Victor Fauvel, Commissaire général de Terre-Sainte et propriétaire de la maison de Noviciat des Pères Franciscains, sise à Pau, rue Bié-du-Basque (Basses-Pyrénées), Religieux franciscain moi-même, sous le nom de P. Victor-Bernardin, de Rouen, demeurant, 83, rue des Fourneaux, à Paris.

Désigne pour mon mandataire spécial M. Jean-Marie Abadie, en religion Père Archange, à qui je donne tous les pouvoirs à l'effet de présenter et lire à tous agents du Gouvernement français la protestation suivante relative à l'application des Décrets du 29 mars dernier :

« Le soussigné, en sa double qualité de Commissaire général de Terre-Sainte en France et de propriétaire de la maison de noviciat des Pères Franciscains, sise à Pau, rue Bié-du-Basque, département des Basses-Pyrénées, déclare :

» Qu'il croit devoir rappeler au Gouvernement français, en

la personne de ses agents, qu'il est délégué et représentant reconnu en France, sous le nom de Commissaire général de Terre-Sainte, de l'œuvre internationale également réconnue en France de la Custodie de Terre-Sainte, dont le chef réside à Jérusalem;

» Que cette œuvre est franciscaine depuis 1219 sans interruption; qu'elle se recrute parmi les Franciscains au moyen de leurs noviciats et maisons d'étude; que le Gouvernement français demande fréquemment au requérant des Franciscains dont il a besoin pour représenter la France dans l'œuvre de la garde des Lieux-Saints ;

» Qu'il a si bien compris l'importance pour lui de soutenir cette œuvre, qu'en 1859 il a déclaré par une circulaire ministérielle adressée aux évêques de France qu'après s'être concerté avec le Souverain Pontife, le chef de l'Etat a autorisé le rétablissement du Commissariat de Terre-Sainte dirigé par les Franciscains;

» Que, depuis 1870, il a été accordé des allocations pécuniaires au Collège Séraphique de Bordeaux dans le but déclaré de favoriser les vocations franciscaines pour la Terre-Sainte;

» Que tout récemment encore, aux mois de juillet 1879 et 1880, le Président de la République, après avis favorable du conseil d'Etat, a autorisé la délivrance de legs faits aux Pères de Terre-Sainte ;

» Qu'enfin, au mois d'août dernier, le Ministre des affaires étrangères informait, par la voie diplomatique, le Custode de Terre-Sainte qu'après avis conforme du Ministre de l'intérieur, M. Constans, il pouvait lui donner l'assurance que la Custodie et les Commissariats de Terre-Sainte en France étaient considérés comme légalement autorisés et, dès lors, ne tombaient pas sous l'application des Décrets du 29 mars 1880;

» Que tous ces précédents sont la constatation d'une reconnaissance ancienne et formelle, puisqu'on ne traite officiellement qu'avec ceux dont on reconnaît l'existence et qu'on ne cherche les services que de ceux-là qu'on agrée;

» Que la reconnaissance de cette œuvre et que la mission confiée au déclarant implique, de la part et dans l'intérêt même du Gouvernement français, le maintien des conditions indispensables à l'accomplissement de cette mission elle-même;

» Que le déclarant a besoin d'un domicile pour lui et pour ceux qui l'aident à l'accomplissement de cette tâche patriotique;

» Qu'il a besoin de ses chapelles;

» Que le gouvernement l'a si bien reconnu que la chapelle

de sa résidence à Paris a été tout récemment l'objet des libéralités gouvernementales;

» Qu'il a besoin de ses noviciats et maisons d'étude pour recruter et former les Religieux que le Gouvernement français lui demande et qu'il délègue à la garde des Lieux-Saints confiée aux Franciscains sous le protectorat de la France;

» Que ces considérants ont d'autant plus de force que les relations intervenues entre le déclarant et le gouvernement participent à la fois au caractère d'un contrat public et d'un contrat privé;

» Qu'il ne lui appartient pas d'insister sur la responsabilité qui peut être encourue par les agissements actuels dont l'effet serait l'amoindrissement à bref délai et dans une large mesure de l'influence française en Orient, récemment ratifiée au Congrès de Berlin; mais qu'il se voit dans la douloureuse nécessité de rappeler au Gouvernement français des engagements formels qu'il semble oublier aujourd'hui, et il ne peut croire que le Gouvernement de la République veuille s'écarter des règles de justice et d'équité qui sont la base fondamentale de toutes société civilisée.

» Le soussigné requiert M. le commissaire central d'annexer à son procès-verbal la présente protestation ou de l'y transcrire littéralement séance tenante. »

A ces effets, se présenter partout où besoin sera, faire tous dires, réquisitions, protestations et réserves, et généralement tout ce qui sera utile et nécessaire quoique non prévu; je promets de l'approuver.

Fait à Paris, le vingt-huit octobre mil huit cent quatre-vingt.

V. Fauvel.
Commissaire général de Terre-Sainte.

SAINT-PALAIS, samedi 6 novembre.

Nous commencerons le récit de l'expulsion des Franciscains de Saint-Palais, par la reproduction d'une lettre qui nous est adressée par l'honorable M. A. B. :

«L'expulsion des PP. Franciscains de Saint-Palais a eu lieu ce matin. Depuis quelques jours déjà, de nombreux amis de ces bons Pères, pressentant cette exécution prochaine, étaient réunis dans le couvent pour empêcher toute surprise et surtout pour encourager de leur assistance ces Religieux au moment de la cruelle épreuve qu'ils allaient avoir à subir. M. *Daguenet*, Sénateur, que, ni son âge avancé, ni l'éloignement de sa résidence, ni les rigueurs précoces de la saison n'ont un seul jour empêché d'être, dès la première heure, à ce poste de dévouement; M. *d'Abbadie* d'Ithorrots, dont l'affection pour les Pères Franciscains est connue de longue date et s'est énergiquement manifestée dans cette triste occasion, MM. Diriart, maire, Basterreix, adjoint, et plusieurs notabilités du clergé cantonal.

« Ce matin les exécuteurs sont arrivés ; ils avaient eu soin de se faire précéder d'un déploiement de force armée des plus respectables. Sept brigades de gendarmerie avaient été convoquées pour expulser trois pauvres moines inoffensifs dont la politique a toujours été le moindre des soucis. Dès les cinq heures, la circulation était interdite dans les rues, l'on cernait le couvent et la chapelle où un grand nombre de dames et de personnes du peuple se trouvaient enfermées. Quelques instants plus tard, on signalait l'arrivée de M. le Sous-Préfet, du commissaire de police, et de deux crocheteurs de Mauléon, dont ils avaient été obligés de se faire accompagner, car il faut le dire à la louange de notre population, il ne s'est pas trouvé dans la ville de Saint-Palais un seul ouvrier qui, malgré les réquisitions qui leur ont été faites, ait voulu consentir à prêter la main à cette ignoble besogne. A sept heures moins 10 minutes, M. le commissaire de police s'est présenté seul à la porte du couvent. M. le Sous-Préfet à peine descendu de voiture était monté dans une des salles de l'hôtel de ville, où il est resté pendant toutes les opérations. C'est de là qu'il dépêchait estafette sur estafette à M. le Procureur de la République qui lui a nettement refusé son assistance.

« Après les sommations d'usage, les portes du couvent étaient enfoncées, les barricades démolies à coups de hache, par les sieurs *Chilo*, charpentier, et *Etchebery*, serrurier, les deux de Mauléon, amenés par M. le commissaire de police qui pénétrait ainsi dans le couvent pour notifier l'arrêté d'expulsion auquel le R. P. Gardien a répondu par une protestation énergique contre la violation de domicile et des personnes dont ses religieux et lui étaient victimes. M. Basterreix, avoué et conseil du Père Gardien, a également protesté au nom des personnes qui se trouvaient dans ce moment réunies au couvent, et après eux, M. Daguenet, Sénateur, a adressé à M. le commissaire de police la protestation dont voici à peu près la teneur :

« Monsieur le commissaire de police, puisque vous refusez « d'accepter les protestations écrites de ces Religieux, souffrez « que les très nombreux représentants de la cité et du voisinage

« qui sont devant vous, et qui sont accourus aujourd'hui pour « donner à ces religieux, établis ici depuis si longtemps, un té- « moignage de respect et de sympathie, protestent verbale- « ment.

« Nous protestons, parce que dans notre sentiment, la me- « sure qui s'accomplit et dont vous êtes l'instrument est un acte » arbitraire et sans droit.

« Nous protestons encore, parce que l'exécution prend dans « la forme un caractère violent. On pénètre dans cette enceinte « respectée, comme on entre dans une maison de malfaiteurs, « la hache à la main.

« Vous allez, monsieur, faire votre rapport à vos supérieurs ; « si, comme je n'en doute pas, vous voulez être exact et vrai, « vous pourrez dire que l'expulsion s'est faite ici en présence de « toute une population profondément émue et indignée.

« Vous nous avez invités tout à l'heure à sortir de cette mai- « son, en nous menaçant, en cas de refus, d'une expulsion par « la force publique. Y a-t-il un décret d'expulsion contre les « citoyens civils comme il y en a un contre les religieux? ou « bien est-ce un délit dans la pensée de vos maîtres d'assister « des malheureux frappés par l'injustice et la persécution ?

« Je n'obéirai pas, quant à moi, à ces illégales injonctions et « si je quitte cette place c'est parce que je tiens à honneur d'as- « sister et accompagner le premier des Pères expulsés dans l'a- « sile qu'on s'empresse de leur offrir dans cette ville. »

« Ces paroles tombées de la bouche d'une personnalité aussi considérable, dans des circonstances d'une gravité exceptionnelle, ont vivement impressionné les témoins de cette scène si pénible ; elles auront, nous n'en doutons pas, un immense retentissement dans le pays.

« Les Religieux ont été expulsés un à un : ils ont quitté le couvent, entourés des amis qui ne les avaient pas un seul instant abandonnés pendant ces derniers jours. A leur sortie du monastère, ils ont été accueillis par d'immenses et enthousiastes acclamations de : *Vivent les Franciscains ! vive la liberté !...* Une foule énorme, composée d'ouvriers, de dames, de messieurs, de membres du clergé, les a accompagnés chez les personnes qui ont été heureuses de leur offrir l'hospitalité. Pendant tout le trajet les mêmes cris de : *Vivent les Franciscains ! vive la liberté !...* auxquels se joignaient ceux de : *Vivent les ouvriers de Saint-Palais !...* ont redoublé d'énergie au moment où la foule passait sous les fenêtres de la salle où M. le Sous-Préfet s'était retiré, et n'ont cessé de témoigner à ces bons Pères toute la sympathie que la population de Saint-Palais avait pour eux.

« Voilà donc l'œuvre des exécutions accomplie.

« Nos Franciscains sont dispersés. Mais nos pauvres et nos ouvriers perdent en eux des bienfaiteurs toujours prêts à les secourir; le clergé, des auxiliaires infatigables pour le service et le bien des paroisses ; chacun de nous, des amis dévoués dans les jours de tristesse et de deuil pour les familles.

Saint-Palais, le 6 *novembre* 1880. « A. B. »

Nous demandons l'autorisation de joindre nos félicitations à celles que cette lettre adresse aux braves ouvriers de Saint-Palais.

D'après les renseignements qui nous parviennent, des tentatives de corruption avaient été faites auprès d'eux, mais en vain.

Honneur donc aux ouvriers de Saint-Palais !

La population de Saint-Palais était nombreuse ; au moment où le triste cortège a défilé dans les rues de la ville et au moment où la foule entière criait : *à bas les Décrets! vive la religion! vivent les Pères Franciscains!* un seul individu, un pâle voyou a paraît-il crié : *vivent les Décrets!* Inutile d'ajouter qu'il a été conspué.

Tous nos lecteurs admireront avec nous la noble attitude de M. le Sénateur Daguenet.

Lorsqu'on voit une aussi haute personnalité rehausser par son prestige la cause des opprimés, on n'a pas besoin de se demander de quel côté est le droit et la justice.

M. Daguenet avait protesté par ses votes dans nos assemblées parlementaires contre les Décrets persécuteurs ; il a protesté samedi plus glorieusement encore contre leur exécution ; son nom, si universellement respecté dans le pays basque, deviendrait encore plus populaire aujourd'hui si cela était possible.

On ne pourra pas reprocher à notre pays d'être banal, tout excepté cela, et en voici la preuve :

Depuis que le crochetage officiel est devenu un sport agréablement cultivé par les nouvelles couches administratives, les enfonceurs de portes trouvaient autour des religieux d'anciens fonctionnaires, des prêtres, et ce qu'on est convenu d'appeler des *cléricaux*.

On voit d'ici la stupéfaction qu'a dû éprouver le sous-préfet lorsqu'il a appris que M. Diriart, maire de Saint-Palais, et M. Basterreix, adjoint, faisaient partie de la garde d'honneur qui entourait les Pères. On ne saurait assez admirer la spontanéité de ces deux hommes de cœur qui apprenant que des actes de brutalité allaient se commettre contre quelques-uns de leurs administrés, n'ont pas considéré pour venir à leur secours si les crocheteurs arrivaient de la forêt de Mixe ou de la route de Mauléon, s'ils étaient des bohémiens récidivistes ou des fonctionnaires de la R. F.

Le citoyen Sous-Préfet se dérobait aux cris d'indignation de la foule dans une des salles de la mairie ; trouvant le temps un peu long, il fit prier M. Clérisse, Procureur de la République, de venir lui tenir compagnie ; l'honorable magistrat qui a le défaut de ne se plaire qu'en bonne société s'est empressé de rester chez lui.

Le directeur du collège, M. l'abbé Duc, qui sait si bien joindre aux rares qualités de l'esprit celles du cœur, avait offert l'hospitalité aux proscrits ; il était loin de se douter que la générosité, comme tous les grands sentiments, est un crime que la République ne saurait tolérer.

Voici l'étrange lettre que le Sous-Préfet lui a adressée le jour même :

« Le Sous-Préfet de Mauléon, au directeur du collège de Saint-Palais.

« Saint-Palais, le 6 novembre 1880.

« Monsieur le directeur,

« J'ai l'honneur de vous informer que vous pouvez donner aujourd'hui l'hospitalité aux religieux qui se sont réfugiés au collège de Saint-Palais ; mais que si à l'expiration du délai de 24 heures, ils n'avaient pas quitté votre établissement, ils seraient l'objet d'une nouvelle expulsion et que le collège serait fermé.

« Veuillez agréer, monsieur le directeur, l'assurance de ma considération très distinguée.

« *Le Sous-Préfet,*
» Hélie Devals. »

Voici la réponse de M. l'abbé Duc :

« Saint-Palais, le 7 novembre 1880.

« Monsieur le sous-préfet, de Mauléon,

« Hier à neuf heures du soir, j'ai reçu la lettre (recommandée et close par nécessité) par laquelle vous voulez bien me permettre *spontanément* de donner l'hospitalité, mais un jour seulement, aux vénérables Franciscains qui s'étaient réfugiés le matin chez moi après avoir été si odieusement expulsés de leur monastère. Malgré votre double menace, les Religieux et moi pevons vous savoir gré de votre généreuse concession.

« J'ignorais en vérité qu'il y eût aussi des décrets relatifs aux droits et aux devoirs de l'hospitalité. Merci encore de m'avoir suffisamment édifié là-dessus en me notifiant carrément que si dans les 24 heures je ne cessais pas de partager mon pain avec ces bien-aimés proscrits, j'encourrais *ipso facto* les foudres administratives.

« Je vous avouerai en toute franchise que malgré mes instances les plus vives, je n'ai pu retenir qu'un seul Père sous mon toit..., les deux autres, longtemps avant votre sommation, avaient été enlevés, pour ainsi dire par deux des plus honorables familles du pays.

« Si, après ces explications, vous croyez devoir agir contre nous *manu militari*, libre à vous, monsieur le Sous-Préfet, de vous remettre à la tête de vos sept brigades et de venir avec vos crocheteurs désormais fameux (dont l'un constructeur d'églises dans le pays basque) visiter mon domicile et chasser un prêtre français devenu mon hôte. — Enhardi par votre triomphe de samedi dernier, vous n'hésiterez pas, j'espère, à marcher *droit* sur Saint-Palais sans prendre d'abord la direction d'Oloron par ruse stratégique. — Venez donc sans crainte et en plein jour, venez présider à découvert à la nouvelle exécution dont vous nous menacez...— Nous resterons constamment dans la légalité, décidés à ne répondre à vos actes que par les cris répétés de : vive la religion! vivent les Franciscains ! vive la liberté!

« Veuillez agréer, Monsieur le Sous-Préfet, l'assurance de ma juste considération.

« Duc M., chan. hon., sup^r^ du collège. »

On le voit, l'exécution de Saint-Palais ne le cède en rien aux autres exploits de ce genre, ni par la généreuse intervention des honnêtes gens, ni par les mesures aussi ridicules qu'odieuses des agents de M. Constans. Nous répéterons donc avec nos braves compatriotes du pays basque :

Honneur aux défenseurs des Franciscains!

Honneur aux ouvriers de Saint-Palais!

Honte aux crocheteurs de Mauléon!

L. de J.

Après l'expulsion des religieux, le R. P. Régis manifesta à M. Diriart l'inquiétude qu'il éprouvait en pensant que le Saint-Sacrement se trouvait encore dans la chapelle et le pria d'obtenir, des agents, l'autorisation de le transporter dans l'oratoire de la chapelle du couvent.

Une grande quantité de dames appartenant aux diverses classes de la société, mais toutes réunies dans un même sentiment d'indignation et de douleur, se trouvaient en ce moment dans la chapelle; elles étaient tellement surexcitées par les actes qui venaient de s'accomplir sous leurs yeux qu'elles avaient déclaré ne vouloir céder qu'à la force.

Les enfonceurs de portes, le Sous-Préfet en tête ne savaient plus à quel saint se vouer et se voyaient aux prises avec des difficultés encore plus grandes que celles que les coups de hache venaient de trancher. C'est alors que le R. P. Régis monta à l'autel, prit le saint ciboire et bénit la foule au milieu des sanglots.

Le lieutenant de gendarmerie, qui commandait les brigades réunies, commanda pendant la bénédiction : *Présentez armes !*

Les honneurs furent rendus une dernière fois à Celui que la furie jacobine chassait de son sanctuaire.

Devant la solennité de cette triste cérémonie, les projets de résistance firent place aux larmes; et le commissaire put continuer sa lugubre besogne.

La République était loin de s'acclimater chez les Basques; nous pensons que ses nouveaux exploits ne sont pas faits pour modifier l'horreur qu'éprouvent les Saint-Palaisiens pour un gouvernement qui égorge la liberté, ouvre les bagnes et ferme les couvents.

Ajoutons en terminant ce récit un document important relatif aux deux serruriers basques de Mauléon, qui avaient été entraînés à prêter leur concours au sous-préfet de Mauléon.

Ce que que nous transcrivons à leur éloge, c'est l'expression si nette de leur entier repentir, que publie le *Journal des Landes* et qui est adressé au R. P. Régis :

« Mauléon, 18 novembre.

« Mon Très Révérend Père,

« Nous regrettons infiniment d'avoir prêté la main, comme crocheteurs, à votre expulsion du couvent de Saint-Palais; nous vous en demandons pardon, mon Très Révérend Père, ainsi qu'à tout le pays. Ayez égard à notre sincère repentir.

« Veuillez nous pardonner et nous donner votre bénédiction.

« Agréez l'hommage du profond respect avec lequel nous sommes, mon Très Révérend Père, vos très humbles et très respectueux serviteurs.

« Etchebery, — Chilo. »

Les catholiques ont toujours considéré que le repentir honore les coupables, et qu'il y a de la grandeur à réparer publiquement un scandale public. Dieu veuille pardonner à ces pauvres gens qu'on a égarés!

(*Univers*, 26 novembre 1880.)

BRIVE, mardi 9 novembre.

L'attente. — Saint François semblait réserver le sanctuaire consacré à saint Antoine de Padoue, pour le dernier attentat. Seule de toute la Province de Saint-Louis, la Résidence de Brive était encore debout. Depuis longtemps les Religieux s'attendaient a l'exécution fatale. Ils ne pouvaient croire à un oubli, car la loge maçonnique de Brive ne dormait pas et préparait tout dans l'ombre. Mais soutenus dans leur épreuve par les nombreux défenseurs dont les sympathies ne se sont pas démenties jusqu'au bout ; encouragés par l'assistance du clergé de la ville qui se faisait un devoir de venir tous les jours à Saint-Antoine ; fortifiés surtout par la présence du premier prélat du diocèse, les Religieux attendaient patiemment le moment de l'exécution.

Depuis quelques jours les fausses alertes ne manquaient pas. Le 2 novembre, arrivait de Tulle le Sécretaire Général de la Préfecture qui fut reçu à la gare par le Sous-Préfet de Brive et le commissaire de police. Cela suffit pour qu'aussitôt le bruit de l'exécution immédiate se répandît. Il n'en fut rien ; mais Monseigneur l'Évêque, averti du danger, se rendait à Brive le lendemain, 3, et à 5 heures du matin, il était à Saint-Antoine, accompagné de M. Soullier son Sécretaire Général. Grande fut la joie de la communauté! Immense la reconnaissance de tous les Religieux !

Monseigneur se condamna à s'enfermer dans la pauvre résidence, et a partager les privations, les soucis et la gêne des religieux depuis ce jour jusqu'au 9 inclusivement. Sa Grandeur, pendant une semaine, mena la vie franciscaine : il se chauffait à la salle commune et couchait sur la dure comme les religieux. « Je n'oublierai jamais de ma vie, disait à ce propos un témoin occulaire, M. G. Roques, les heures passées auprès du pieux Évêque, dans cette bibliothèque de six pieds carrés, blanchie à la chaux, auprès d'un poêle minuscule dont le combustible pour cette grave circonstance, était arraché à coups de hache aux montants d'un vieux hangar. »

La présence de Monseigneur à Saint-Antoine gênait visiblement le Préfet dans l'exécution des décrets. On prête même à cet employé du Gouvernement ces paroles : « Puisque M. l'Évêque essaye de la vie de moine à Saint-Antoine, nous l'y laisserons aussi longtemps que nous pourrons. »

Monseigneur, en apprenant ce propos, fit envoyer la dépêche suivante au rédacteur du *Corrézien* :

« La situation est la même à Saint-Antoine. Monseigneur attend crocheteurs. Crocheteurs attendent le départ de Monseigneur. Pas d'inconvénient à ce que cela dure. »

Nous voudrions citer ici les noms de tous les généreux défenseurs qui, à l'exemple de Monseigneur l'Évêque de Tulle et du clergé de la ville, regardaient comme un honneur de faire la garde jour et nuit auprès des Religieux menacés ; nous voudrions signaler aussi tous les bienfaiteurs qui, dès le mois de juillet, comme M. le comte de Noailles, nous offraient une généreuse hospitalité. Que tous du moins reçoivent ici l'expression de notre sincère gratitude (1).

Le dimanche 7 novembre, une grande affluence de fidèles se porta à Saint-Antoine. Au salut du soir, Mgr Denéchau prit la parole et expliqua ce texte de l'évangile *Beati qui persecutionem patiuntur propter justitiam*. Bienheureux ceux qui souffrent persécution pour la justice.

La journée du 8 se passa encore dans l'attente. Le soir, le Préfet Gragnon, accompagné de son Secrétaire Général, Pascal, arrivait à Brive.

Journée du 9 novembre. — Le mardi, dès 3 heures du matin, les fenêtres de la Sous-Préfecture se trouvaient éclairées; un mouvement inusité se produisait à la gendarmerie et à la caserne. Toutefois la voyoucratie ne commença à hurler la *Marseillaise* qu'à 5 heures du matin.

A ce moment quatre compagnies du 14e de ligne, commandées par le capitaine Audrouin, occupaient toutes les avenues qui conduisent à Saint-Antoine et empêchaient la circulation. Quatre brigades de gendarmerie, capitaine Vidal en tête, s'emparaient

(1) M. Bonnely, curé de Saint-Sernin, dont le zèle et le dévouement avaient procuré le retour des Franciscains au sanctuaire de Saint-Antoine, avait été frappé de mort subite le 10 octobre; on aurait dit que saint Antoine de Padoue avait voulu lui épargner le triste spectacle de la violation du sanctuaire qu'il vénérait et aimait.

de la place qui se trouve devant la chapelle, et de toutes les hauteurs environnantes. Tout ce déploiement de force n'empêcha pas une courageuse Tertiaire, madame Anna Bouyssou de forcer la consigne et d'arriver jusqu'au monastère porter la triste nouvelle.

A 6 heures moins un quart le commissaire de police, Duclos, suivi de deux agents, d'un garde-champêtre, et de deux serruriers, armés, l'un d'une hache et l'autre de deux pinces, se présente à la porte du couvent, pendant qu'au milieu du brouillard on apercevait M. le Préfet Gragnon, M. le Secrétaire Général Pascal, M. le Sous-Préfet Boutin et M. le capitaine de gendarmerie Vidal.

Le commissaire, d'une main fiévreuse, agite la sonnette qui tinte pendant trois ou quatre minutes. Alors le R. P. Alexandre, Supérieur de la communauté, ouvre la fenêtre grillée du parloir et lecture lui est donnée de l'arrêté préfectoral. Le commissaire fait cette lecture d'une voix tremblante en présence de Mgr Denéchau, Évêque de Tulle, de M. Soullier, Secrétaire Général et chanoine de la cathédrale de Tulle, de M. Gustave Roque, syndic des Pères et de M. Julien de Lalande, un de leurs amis dévoués.

Le P. Alexandre répond par cette protestation :

« Moi, Michel Mallet, Supérieur du couvent des PP. Franciscains de Saint-Antoine de Brive, mandataire du propriétaire dudit immeuble, proteste énergiquement contre la violation du domicile perpétrée par les agents du Gouvernement de la République audit couvent, le 9 novembre 1880.

« Proteste contre la violation que l'on va exercer sur ma personne et sur celle de mes Religieux ; proteste contre la dissolution de ma communauté et la dispersion des Religieux qui en font partie; proteste contre la mise des scellés sur la porte de la chapelle et des grottes adjacentes ; proteste ne céder que devant la force brutale et me réserve expressément tous les droits de poursuite judiciaire, soit au civil soit au criminel, contre les violateurs du droit sacré du domicile et de la liberté individuelle droit dont jouit tout citoyen français et qui lui est garanti par la loi du pays, mais dont je suis dépossédé sans cause et sans raison par l'exécution des Décrets du 29 mars 1880, décrets illégaux, antifrançais et liberticides.

« De plus, je rends responsable l'exécuteur des Décrets et ses mandants de tous les dégats et dommages qui seront la conséquence soit de notre expulsion, soit de la mise des scellés sur la chapelle et les deux grottes. »

P. M. MALLET, *mandataire.*

Alors Monseigneur s'avance, et dit :

— Monsieur, le R. P. Gardien vient de protester, comme citoyen français et comme mandataire des propriétaires de cette maison, contre la violation illégale de sa liberté, de son domicile et de la propriété qui lui est confiée ;

« Et moi, Évêque de Tulle, comme protecteur et père de ces dignes Religieux, je proteste au nom de l'Eglise contre la violation impie de leur couvent, contre la fermeture de leur chapelle et contre la violation du droit sacré qu'ils ont de mener en commun la vie religieuse, selon leurs constitutions et leurs règles canoniquement approuvées. »

Ici Monseigneur fut grossièrement interrompu par le commissaire :

« Monsieur l'Évêque, dit celui-ci, si vous continuez sur ce ton je vous dresserai procès-verbal : et puis je ne suis pas tenu de vous écouter.

— « Ils n'ont fait aucun mal, ajoute Monseigneur, ils n'ont violé aucune loi ; ils vous défient de dire et de prouver qu'ils ne sont pas des citoyens honnêtes, et loin de les citer devant un tribunal, le Gouvernement a fait en sorte de les soustraire à leurs vrais juges. »

Nouvelle interruption du commissaire.

— Monsieur l'Évêque, vous outragez le Gouvernement ; faites attention à vos paroles.

— « Maintenant je dois vous en avertir, répond Monseigneur, vous et tous ceux qui coopèrent réellement à cet attentat sacrilège, vous encourez l'excommunication majeure que les Papes et les Conciles ont d'avance décrétée contre les violateurs des communautés religieuses. »

A ce mot d'excommunication, le commissaire interrompt Monseigneur :

— Monsieur, vous n'êtes pas chrétien ; car, si vous l'étiez, vous n'excommunieriez pas un employé qui fait son devoir.

— « Eh bien ! vous, monsieur le commissaire, reprend Mgr l'Évêque, vous êtes chrétien et c'est parce que vous l'êtes que je dois vous notifier l'excommunication majeure que vous encourez. Et vous ferez bien de ne pas trop vous en moquer ; car si l'Eglise est faible et désarmée, c'est un motif de plus pour croire, comme bien des faits l'ont prouvé, que Dieu se charge souvent de sanctionner les sentences portées par elle. »

Après ces paroles, Monseigneur se retire dans la bibliothèque pendant que le commissaire somme de nouveau le P. Supérieur d'ouvrir. Sur son refus formel il donne l'ordre aux deux serruriers, Verlhac frères aîné et cadet, de crocheter la porte ; mais les rossignols n'y peuvent rien. Alors, sur l'ordre du Préfet, on emploie la hache et les pinces, et la porte vole en éclats ; on n'a laissé que les deux montants. Mais la porte brisée, la bande préfectorale se trouve en face d'énormes quartiers de pierre superposés qu'il faut enlever péniblement.

Une fois la porte déblayée, le commissaire et ses agents se trouvent en face du P. Supérieur et de ses témoins qui les reçoivent assis et le chapeau sur la tête.

— Monsieur, dit-il au P. Alexandre, vous devez sortir.

— Monsieur, je ne sors pas, je suis chez moi et j'y reste ; voilà mes titres.

— C'est bien, nous examinerons cela.

Puis s'adressant aux assistants :

— Je vous en prie, Messieurs, veuillez sortir; ne me forcez pas d'avoir recours à la violence ; vous ne sauriez croire combien cela me répugne.

— Ces Messieurs sont chez moi en qualité d'amis, reprend vivement le P. Supérieur. Je proteste contre la violence que vous allez exercer à leur égard.

S'approchant alors de Monseigneur, le commissaire le prie de sortir.

— Non, répond Sa Grandeur, je suis ici chez mes enfants, chez mes diocésains ; je ne sortirai que par la violence.

Monseigneur l'Évêque est appréhendé au corps.

— Monsieur le commissaire, dit le prélat en se levant, vous m'avez demandé si je suis chrétien ; c'est un outrage. Vous avez trouvé que j'avais manqué à la charité chrétienne en vous notifiant l'excommunication lorsque vous ne faisiez qu'exécuter un ordre. Eh bien, moi, je n'ai fait qu'accomplir un devoir.

En sortant de la maison, le pieux Prélat fut accueilli par les cris de : *vive Monseigneur ! vive la liberté !* En passant, il se tourna vers le Préfet et ceux qui l'escortaient, et d'une voix grave il leur adressa cette apostrophe, digne d'un cœur d'Évêque : « Messieurs, je vous plains ! » Puis il descendit avec les autres témoins expulsés, et alla prier devant la grotte de la Sainte-Vierge.

Après ce premier exploit, le commissaire passe dans la cuisine, le réfectoire et l'oratoire ; mais s'apercevant que la petite porte ouvrant sur la cour était barricadée, il fait enlever les quartiers de pierre, et, pendant cette opération, le plancher est enfoncé. Dans la cour, se trouvaient plusieurs professeurs du petit séminaire et quelques laïques. L'un d'eux, M. Ferdinand de Maynard, ayant crié : *A bas les crocheteurs !* a été arrêté et condamné le lendemain à 25 francs d'amende.

Dès que la cour est évacuée, le commissaire s'apprête à faire la chasse aux Religieux retirés dant leurs cellules au premier étage. Mais comment y pénétrer ? L'escalier est solidement barricadé de barres de fer, de planches, de paillasses. Le commissaire a trouvé un autre expédient : on passera par la croisée. Pour cela, il faut une échelle. Le serrurier Verlhac cadet, part à la recherche de cet instrument des voleurs, et pour intimider plus facilement les voisins, il revient bientôt pour se faire accompagner d'un agent. Peine inutile ! personne ne veut se faire le complice d'une pareille escalade. Dans la ferme de M. Mage, à quelque distance du couvent, le métayer Murat, interrogé par l'agent sur l'existence d'une échelle dans sa grange, répond qu'il n'en a pas pour eux. Et comme l'agent insistait pour entrer, l'honnête et courageux fermier menace de se servir de sa fourche pour défendre l'accès de son domicile. L'agent se tint pour averti et dut chercher fortune ailleurs. Il fallut aller en ville quérir une échelle. L'attente fut longue ; elle dura au moins une heure.

Enfin, Verlhac cadet revint, portant triomphalement, non pas une échelle, mais une sorte de *bayard*, qui, se trouvant trop court, dut être dressé sur un piédestal.

Le serrurier escalade et, de son gros marteau, brise cinq carreaux, ouvre la fenêtre et pénètre dans la cellule, habitée par le frère Pérégrin. Celui-ci, voyant sa cellule envahie, se retire dans le grenier.

Le second serrurier s'introduit par le même chemin et tous les deux se mettent à déblayer l'escalier.

Cellule du P. Etienne.

Le passage libre, le commissaire monte au premier étage et va frapper à la cellule du P. Etienne.

— Qui est là ?

— Le commissaire de police. Ouvrez, au nom de la loi.

— Je n'ouvre pas.

La porte est enfoncée à coups de ciseau. On trouve le P. Etienne à genoux, escorté de MM. Gabriel Lagane et Léonce Breuil. Comme le Père refusait énergiquement de sortir, deux agents le saisissent par les bras et les jambes et le traînent littéralement dehors.

Cellule du R. P. Bernard.

Ils remontent ensuite et vont s'attaquer à la cellule du P. Bernard, qui était solidement barricadée. Ce Religieux, ancien missionnaire de Terre-Sainte, avait passé onze années de sa vie en Orient, travaillant à sauver des âmes et à faire aimer la France.

Sans attendre les sommations du commissaire et le crochetage des serruriers, le garde-champêtre prend le marteau et frappe de toutes ses forces sur le panneau supérieur qui vole en éclats sur sa figure. La porte ainsi enfoncée, le commissaire s'avance vers le Père qui avait à ses côtés comme témoins, M. Labarbary, vicaire à Saint-Martin et M. Marcel Lagane.

— Qui êtes-vous ? dit le commissaire au Religieux.

— Je suis prêtre de l'Eglise romaine et citoyen français, répond le Père; mais avant de me demander qui je suis, ramassez donc le bois de cette porte ; prenez garde qu'il ne soit du bois pour le feu de l'enfer !

— Je vous en prie, Monsieur, répond le commissaire, au nom de vos cheveux blancs, évitez-nous la scène qui vient de se passer. Ne vous faites pas traîner dehors.

Le Père, protestant qu'il ne sortira que par la force, on le pousse dehors jusqu'à la cour.

Cellule du Frère Léonard.

Ce Frère convers s'était contenté pour empêcher l'invasion de sa cellule, d'ôter la clef de la serrure. Aussi le rossignol eut beau jeu, et les serruriers eurent l'occasion de se féliciter de leur habileté. Le bon Frère, déjà avancé en âge, était assis, les bras croisés sur sa poitrine, les yeux baissés. Le commissaire s'approche, et, du ton le plus aimable, il lui dit :

— Bon vieillard, voudriez-vous sortir sans que je sois obligé de vous faire violence ?

— Monsieur, je ne puis sortir; mes Supérieurs me l'ont défendu.

— Que faut-il vous faire ?

— Faites-moi ce que vous voudrez.

Et lui mettant la main sur l'épaule, le commissaire pousse le bon Frère qui marche tranquillement en récitant son chapelet.

Expulsion du Frère Pérégrin.

Après avoir chassé le Frère Léonard et fait son éloge devant le Préfet, à cause de la placidité du Religieux, le commissaire s'adresse au Supérieur et lui demande, s'il n'y a pas dans le couvent un Espagnol, nommé José Manuel.

— Si vous avez besoin de lui, cherchez-le, dit le P. Alexandre ; c'est votre affaire et non la mienne.

Les voilà à la recherche du Frère Pérégrin. Toutes les cellules sont visitées. Il ne reste plus que le grenier ; le Religieux doit y être. Le grenier fut donc gratifié d'une visite officielle. On trouva le pauvre Frère à genoux, priant paisiblement pour ses persécuteurs.

— Descendez, Monsieur, dit le commissaire.

— *Moi, pas descendre*, reprend le Frère avec son accent étranger ; *si voulez, venez chercher moi.*

— Comprenez-vous le français ?

— Non, il le comprend à peine, fut-il répondu au commissaire Duclos.

— Quoi qu'il en soit, je vous charge, Monsieur le Supérieur, de lui signifier l'arrêt d'expulsion lancé contre lui.

— Je ne me charge de rien, dit le P. Alexandre.

M. Duclos se hâte alors de lire la formule, qui enjoignait à un homme très inoffensif, de quitter le territoire français dans le délai de 48 heures, pour le seul crime de porter le costume d'une congrégation non autorisée, car il n'avait pas encore fait les vœux de religion.

La sortie des Religieux.

Au fur et à mesure que les Religieux expulsés sortaient du couvent, ils allaient s'agenouiller aux pieds de Monseigneur l'Évêque, qui les embrassait après les avoir bénis. Lorsque le Frère espagnol arrive devant Sa Grandeur : « Mon Frère, ne jugez pas la France d'après ceux qui vous renvoient, lui dit le Prélat. » Un des assistants ajouta : « Mon Frère, allez vous réfugier en Espagne ; chez nous, les crocheteurs seront bientôt suivis des assassins. »

Le Très-Saint-Sacrement sous les scellés.

Lorsque les Religieux sont expulsés de leur pauvre monastère, on s'attaque à Notre-Seigneur dans le Très-Saint-Sacrement.

— Nous allons mettre les scellés sur la chapelle, a dit le commissaire.

— Oui, et hâtons-nous, dit M. le Préfet Gragnon, en regardant sa montre. Il se fait tard.

— Monsieur, a repris le P. Alexandre, le Très-Saint-Sacrement est dans le tabernacle, je vais le transporter dans l'oratoire particulier de la maison.

— Pas pour le moment, dit le Préfet ; ce soir, nous verrons.

Sur ce refus, le R. P. Supérieur va avertir Monseigneur l'Évêque de ce qui se passe. Monseigneur fait parler au Préfet qui dit de se hâter. Sa Grandeur se revêt alors des vêtements sacrés et transporte le Très-Saint-Sacrement dans l'oratoire, au chant du *Parce Domine*. Le cortège passe devant le Préfet, le sous-préfet, le secrétaire général de la préfecture, le capitaine de gendarmerie, et ces messieurs ne daignent pas même se découvrir devant leur Dieu. — Un d'entre eux fumait son cigare, il continue sans se déranger. Un Turc aurait eu davantage le sentiment des convenances.

Le défilé des expulsés. — Aussitôt après le transfert du Saint-Sacrement, Monseigneur Denéchau, accompagné de son Secrétaire Général, de tous les expulsés et de tous les témoins se dirige vers la ville.

Près du pont du chemin de fer, stationne un piquet de soldats qui ne présente pas même les armes à Sa Grandeur. Au delà du pont se tenait une foule de prêtres, de laïques, de femmes. On acclame Monseigneur et les Religieux, et on les couvre de fleurs. M. le curé de Saint-Martin se jette dans les bras du digne et courageux Prélat ; les notables de la ville se pressent autour de lui ; c'est une véritable ovation.

Un peu plus loin, nouvelle acclamation ; les couronnes pleuvent de toutes les croisées, on entend partout les cris de : *Vive la Religion! Vive la Liberté! A bas les Décrets!*

Cependant les voyous se réunissent derrière le cortège et entonnent la *Marseillaise!* On remarque dans leurs rangs des élèves des écoles laïques. Il leur est répondu par le chant du *Magnificat.* Des cris divers s'entrecroisent : *Vivent les Décrets! Vive la Liberté!... Brûlons les églises! Vive la Religion!...* M. l'abbé Labarbary, vicaire de Saint-Martin, est arrêté parce qu'il a crié : « *A bas la canaille!* » Les gendarmes sont aussi sur le point d'entraîner M. l'abbé Loubignac, vénérable vieillard aux cheveux blancs, ancien supérieur du petit séminaire. Les agents de la police, redoutant quelques collisions, imposent silence à la *Marseil-*

laise, et supplient Monseigneur de faire cesser les chants religieux.

On arrive à l'église Saint-Martin, qui se remplit en un clin d'œil comme aux jours des plus grandes solennités. Monseigneur dit la messe, assisté des deux Pères expulsés. On chante le *Miserere*, et Sa Grandeur donne la bénédiction du Saint-Sacrement.

Au sortir de l'église les cris séditieux recommencent. Monseigneur s'adressant aux gendarmes leur fait remarquer ces insultes. — « Nous entendons, répondent-ils, mais nous n'avons pas d'ordres... » On n'arrêtait ce jour-là que les honnêtes gens.

Enfin on arrive au petit séminaire où professeurs et élèves accueillent Monseigneur par une chaleureuse salve de vivats et d'applaudissements.

Pendant que ces scènes se passaient en ville, à Saint-Antoine, le commissaire apposait les scellés sur les portes de la sacristie et de la chapelle, sur la grille de la grotte de la chapelle, sur celle de la grotte de l'eau. On fit remarquer au Préfet que cette grotte n'avait pas d'autel, mais simplement une statue.

— Cela peut être un autel..., dit-il, mettez les scellés quand même, nous verrons plus tard.

Le commissaire s'adressant ensuite au P. Supérieur, lui dit qu'il le constitue gardien des scellés; et sur le refus du Père il ajoute :

— Au nom de la loi je vous l'impose. Acceptez la garde des scellés ou bien quittez la maison.

— Puisqu'il faut choisir, dit le Père, je fais mon paquet et je m'en vais ; mais entendez-le bien, je reviendrai.

Ne pouvant réussir auprès du P. Supérieur, le commissaire s'adresse à un ouvrier qui travaillait pour les Religieux et veut lui imposer la garde des scellés. L'ouvrier refuse à son tour.

Vers trois heures du soir le P. Alexandre remonte au couvent et il y trouve le commissaire avec ses agents et un menuisier. Sous le regard de leur chef, les agents appliquaient les scellés sur toutes les portes intérieures et extérieures de la maison : le menuisier racommodait la porte d'entrée brisée le matin.

Aucun appartement n'échappa à leurs investigations, pas même l'oratoire dans lequel Monseigneur l'Évêque avait le matin transporté le Saint-Sacrement. Les agents pénètrent dans ce sanctuaire et éteignent la lampe qui veillait seule auprès du Dieu de l'Eucharistie, à la place des Religieux bannis. Le crime était consommé et les agents du gouvernement poussaient la profanation jusqu'à enfermer Notre-Seigneur sous leurs sacrilèges scellés pendant quinze heures.

Le lendemain, le commissaire de police lui-même apportait au P. Alexandre une pièce où les faits étaient horriblement dénaturés, mais par laquelle il permettait, de la part de M. le Préfet, au P. Alexandre de rentrer dans le couvent et de briser les scellés, excepté ceux de la chapelle.

Le premier soin du Père fut de délivrer le divin Prisonnier.

Après l'attentat. — Un crime avait été commis. Il demandait une expiation ; c'est ce que voulut faire Mgr l'Évêque de Tulle, en prescrivant dans tout son diocèse des prières spéciales jusqu'au jour où la liberté religieuse rétablie, rouvrira aux Franciscains les portes de leur couvent et aux fidèles du Limousin le sanctuaire de saint Antoine de Padoue.

Un temple avait été profané ; Monseigneur voulut qu'un autre temple fût consacré en réparation. Voilà pourquoi, le 23 novembre suivant, Sa Grandeur faisait la dédicace de la chapelle des Ursulines de Brive, chapelle qui, en 1793, appartenait aux Frères Mineurs de l'Observance.

L'impulsion donnée par le premier Prélat du diocèse porte ses fruits. Depuis l'attentat du 9 novembre, les pèlerins accourent nombreux à Saint-Antoine, placent des couronnes à la porte du sanctuaire désert et sur les grilles scellées des deux grottes. Ils gravissent ensuite pieusement le chemin du calvaire et, en suivant les stations du chemin de la croix, érigé sur le penchant de la colline, implorent la miséricorde divine sur la France coupable.

APPENDICE

COUVENTS DES PÈRES RÉCOLLETS

Epinal. (6 *octobre.*)

Déjà avant notre couvent de Béziers, d'autres Religieux de notre Ordre avaient eu l'honneur de la persécution officielle. Chez les PP. Récollets réfugiés à Epinal, depuis leur expulsion d'Allemagne, l'exécution des Décrets du 29 mars recommençait le 6 octobre. Voici une lettre qui nous donne quelques détails sur cette exécution :

« C'est le jour même de la Saint-François, le 4 octobre, après le salut solennel donné chez nos Pères, que M. le Préfet leur a envoyé l'ordre formel de leur expulsion hors du territoire français, parce qu'ils étaient de nationalité étrangère. On avait espéré qu'on aurait pitié de leur situation d'exilés ; mais les sectaires qui avaient juré leur départ ont été plus forts que toute considération.

Les Pères, laissés libres d'accepter la résolution qui leur paraîtrait la meilleure, aimèrent mieux partir en silence que de résister au décret d'expulsion.

Impossible de décrire les émotions déchirantes que nous eûmes à subir à l'heure de la séparation, le mercredi matin 6 octobre. Au point du jour, nous avons assisté à la dernière messe, dite par le P. Norbert dans le petit sanctuaire de Saint-Michel. Le doux Sauveur avait résidé là, quatre années entières, entouré des plus chers amis de la sainte pauvreté, et maintenant il cessait d'y habiter. Son autel n'allait plus être qu'un tombeau vide, confié à la garde des anges !

Tandis que plusieurs amis dévoués conduisaient à la gare les quatre autres Pères ou Frères se dirigeant sur Strasbourg, j'ai accompagné les Pères Justin et Denys dans la direction de Saint-Dié.

Je puis vous assurer que la douleur de cette séparation fut la plus grande de ma vie. Puissent nos bons Pères revenir bientôt, c'est le vœu que font avec moi beaucoup d'habitants d'Epinal, dont ils ont emporté les sincères et vifs regrets. »

PROVINCE DE SAINT-BERNARDIN

Rennes. (29 *octobre.*)

C'est le 29 octobre que les RR. Pères Récollets ont été expulsés de leur couvent du faubourg de Redon à Rennes.

Avant deux heures du matin, de nombreux détachements de troupes, à pied et à cheval, se sont massés aux alentours du couvent et ont intercepté toute communication.

Au point du jour, les agents de police et le commissaire central pénétraient dans la cour. Le commissaire sonne :

— Qui est là ? demanda le Frère portier.

— Le commissaire central.

— J'ai défense d'ouvrir.

— Nous forcerons la porte.

— Je vais chercher le Supérieur.

Après quelques instants, le R. P. Paul, se présente à la fenêtre du premier étage, entouré de ses conseils : MM. de Sèze, Laïc Petit et Jénouvrier. Le Père Gardien dit qu'il n'ouvrira pas ; que la sommation est illégale.

M. Jénouvrier s'avance à son tour et prononce une énergique protestation... Elle est à peine terminée que les crocheteurs se mettent à l'œuvre. L'effraction a duré en tout une heure un quart. Au bout de ce temps les commissaires sont arrivés aux cellules où s'étaient retirés les Pères. Il a fallu de nouveau enfoncer les portes, et les agents ont dû saisir les Religieux et les emmener de force.

La police avait pris les mesures les plus vigoureuses pour diminuer l'éclat d'une manifestation. Ces précautions n'ont réussi qu'à donner plus d'énergie à la protestation de la ville de Rennes, contre le renouvellement de ces odieux attentats. Vainement la gendarmerie a essayé de barrer le passage à la foule escortant les Pères ; les gendarmes ont été immédiatement enlevés par l'irrésistible élan de plusieurs milliers d'hommes. Et sans pouvoir être arrêté un instant, le cortège a poursuivi sa marche. Sur la place du Palais, la foule a crié d'une voix unanime : *Justice ! Justice !* Devant la préfecture, des troupes barraient encore le passage ; les acclamations ont alors redoublé et les soldats n'ont pu empêcher d'arriver aux oreilles du Préfet les clameurs indignées que dix mille voix lui adressaient : *Vivent les Récollets ! Vive la liberté !... à bas les crocheteurs ! Justice ! Justice !*

Du haut des marches du perron de l'hôtel de M. Jénouvrier, le P. Arsène a béni la foule agenouillée dans le plus profond silence, pendant que les autres Religieux debout, à ses côtés, priaient pour leurs persécuteurs.

Après le départ des Pères, les scellés ont été apposés sur la chapelle.

Avignon. (29 *octobre.*)

Le matin du même jour, 29 octobre, les exécuteurs des Décrets se présentaient au couvent d'Avignon. Là, des obstacles d'un nouveau genre les attendaient. Les quatre Religieux qui restaient avaient muré à l'intérieur la porte du monastère. Mais nos braves d'aujourd'hui ne reculent devant rien. Après une heure de glorieux travail à grands coups de hache et de pinces, les charpentiers ouvraient au commissaire l'entrée de cette maison de prière.

Signalons un acte de haute bravoure : un des sbires de la police n'a point rougi de frapper un vénérable vieillard, M. Bonot, qui s'était enfermé là, avec son fils, le P. Marie-Joseph.

Inutile d'ajouter que notre population, si catholique encore, a acclamé les Religieux à leur sortie, et les a conduits en triomphe à la maison hospitalière qui s'ouvrait devant eux.

Les honneurs de la journée reviennent à M. le Préfet Scherb, qui, pour chasser de chez eux deux pauvres moines, avait mis sur pied trois mille hommes de troupe, quarante gendarmes et trente agents de police.

Nîmes. (30 *octobre.*)

A Nîmes les exécuteurs ont dû travailler 4 heures entières avant de forcer la première porte : elle a été mise en mille pièces. A l'intérieur, mêmes scènes que partout ailleurs. Arrivé à la cellule du P. Odoric, le commissaire frappe : — Qui est là ? — Le commissaire central. — Qui vous envoie? — Je viens pour faire exécuter les ordres du Gouvernement.

La porte est enfoncée. Le commissaire entre et prie le Père de le conduire au Supérieur. Le Père répond qu'il n'y a pas de Supérieur. Le commissaire demande qui le remplace. — Eh ! bien, c'est moi, dit le P. Odoric, que me voulez-vous? — Je viens signifier un ordre d'expulsion à deux Italiens. — Il n'y a ici aucun étranger. — Vous vous appelez bien Jacobi Pierre? — Moi je m'appelle Jacobi André; de plus je suis Français : voici ma carte d'électeur. — « Cependant, ajoute le commissaire, l'ordre est exprès. » Ne sachant plus à quel parti s'arrêter : — « Je porte aussi, dit-il, l'ordre de faire exécuter les Décrets du 29 mars. » — « Vous vous adressez mal, répond le Père Odoric, car je suis propriétaire de l'immeuble; voici mes titres. »

Le commissaire ahuri va enfoncer la porte du P. Bénigne; mais lui aussi à ses titres en règle : il est mandataire d'un propriétaire absent : force est à l'exécuteur de se contenter d'une victime : un pauvre Frère convers, le Frère Pascal.

Le résultat définitif a été l'expulsion de ce bon Frère. Voilà l'équipée par laquelle toute une ville a été mise en émoi et la garnison consignée.

Mâcon. (3 *Novembre.*)

A Mâcon, mêmes violences que dans les autres couvents : les portes sont brisées et les Pères expulsés par la force. Racontons la scène émouvante qui se produit au moment où le commissaire veut faire sortir les amis des Religieux : M. Georges de Parseval, ancien lieutenant de vaisseau, et M. Deton, rédacteur en chef du *Journal de Saône-et-Loire*, protestent contre la violence qu'on veut leur faire, et déclarent qu'ils ne céderont qu'à la force. — « Je suis ancien soldat, s'écrie M. de Parseval, je porte sur la poitrine la croix de la Légion d'honneur à laquelle tous doivent le respect. Et si vous violez mon droit de citoyen, je demande au moins l'honneur d'être appréhendé par des camarades, faites appeler la gendarmerie. — Il sera fait suivant votre désir, répond le commissaire ; » et il envoie chercher la force armée. Le résultat ne répondit point à ses désirs : cinq minutes après, le brigadier revenait seul. Le commissaire sort à son tour, mais sans plus de succès; il fait alors emporter M. de Parseval par ses hommes et emploie la même violence vis-à-vis de M. Deton.

A 9 heures 1/2 l'attentat était consommé. Des quatre Religieux qui se trouvaient dans le couvent, deux ont été laissés gardiens de l'immeuble, et les deux autres jetés brutalement dehors.

Saint-Nazaire, 3 novembre

C'est vers dix heures du matin que l'iniquité fut consommée à Saint-Nazaire, au moment où le tribunal assistait à la messe du

Saint-Esprit. Deux brigades de gendarmerie se montrent d'abord autour du couvent dont la cloche se met aussitôt en branle.

M. Gouaille, Commissaire de police, accompagné du brigadier des gardes champêtres et de dix sergents de ville se présente au portail extérieur tout en fonte qu'il fait enfoncer après sommation. Après une demi-heure, n'arrivant à aucun résultat sérieux, les assaillants s'attaquent à la serrure, parviennent à ouvrir et se trouvent alors dans une cour. Une seconde porte est enfoncée ; M. le Commissaire se trouve en face du R. P. Bonaventure, Supérieur, auquel il notifie l'arrêté préfectoral. Pendant toute l'opération on a remarqué la répugnance du Commissaire pour cette besogne qu'il a qualifiée lui-même de « désagréable ». A un moment le Père Supérieur faisant appel à la conscience du Commissaire, celui-ci répéta ce mot en poussant un soupir; et dans la cellule du Père Alexis il dit à ce Religieux : « Oh ! mon cher Père, nous avons là une œuvre bien pénible à remplir. »

Avant d'arriver dans la clôture, quatre portes ont dû être enfoncées. Alors M. Gouaille s'est aperçu que les Religieux n'étaient pas seuls; le barreau entier de Saint-Nazaire l'attendait dans les dortoirs. La cellule du Frère Dominique est la première visitée. Le médecin déclare que ce Religieux souffre des jambes et ne peut marcher; on le laisse au couvent. Puis vient le tour de trois autres cellules, dont les portes sont enfoncées à coups de hache : deux Pères sont autorisés à rester, comme propriétaires, et un Frère en qualité de domestique. Les amis des Pères, sommés alors de s'en aller ont refusé de sortir; on les a laissés.

Le commissaire va ensuite apposer les scellés sur la chapelle, mais auparavant il invite lui-même les « chers Pères » à retirer de l'église tout ce qu'ils désirent enlever. Alors le Saint-Sacrement est retiré du Tabernacle et transporté à la sacristie au milieu des chants du *Miserere* et du *Parce Domine*.

Pendant l'exécution, la foule qui était au dehors montrait toute sa sympathie pour les Pères. C'est surtout lorsque les proscrits on franchi le seuil du couvent que les cris de : *Vive la liberté! Vivent les Pères!* ont redoublé. Ainsi se termina cette triste besogne.

Bourg-Saint-Andéol. (5 *Novembre.*)

Les scènes odieuses qui ont accompagné dans beaucoup de villes l'exécution des Décrets ont revêtu, au Bourg-Saint-Andéol, un caractère plus violent encore. Un inconnu attaque la porte à coups de hache : l'étincelle jaillit : mais la porte résiste. La fureur de l'homme redouble et les coups tombent plus pressés. On se demande d'où vient à cet intrépide assaillant la force qui lui permet de frapper à grands coups pendant trente-cinq minutes, sans même prendre le temps de respirer un peu.

Enfin les portes sont forcées et le cloître envahi. En vain le P. Supérieur veut protester, en vain veut-il présenter ses titres de mandataire du propriétaire, on ne voit rien, on n'entend rien. Il est violemment mis à la porte au nom de loi.

Pauvre France!

Caen. (9 *Novembre.*)

Nous ne redirons point à propos de l'expulsion des Pères Récollets de Caen, ni les coups de sonnette du commissaire, ni les portes enfoncées, ni les énergiques protestations des victimes et de leurs amis. C'est partout la même violence d'un côté, la même fermeté de l'autre. Notons seulement que les agents de l'administration, avant d'exécuter les Décrets ont laissé les Révérends Pères exposés pendant une demi-journée aux insultes de la populace. Il y avait déjà quatre heures qu'on hurlait la *Marseillaise* et que les pierres volaient à travers les vitres du couvent, quand le commissaire central se présenta avec un seul agent pour disperser 1,500 gamins ou gens armés.

Le lendemain on mit fin à l'agonie des Religieux en les chassant violemment de leur domicile et en fermant leur chapelle, où, depuis vingt ans, ils adressaient à Dieu leurs plus ferventes prières.

PROVINCE DE SAINT-JOSEPH DE BELGIQUE.

Pères Récollets de Lille, 6 novembre.

Le commissaire de police s'est présenté vers 8 heures pour notifier l'arrêté d'expulsion aux Révérends Pères qui évangélisent depuis si longtemps la colonie flamande.

Le P. Marie-Ephrem lui a demandé ses titres et qualités.

Le commissaire ayant aussi demandé ceux du Révérend Père, il lui fut répondu que les propriétaires l'avaient déclaré leur mandataire.

Après vérification, il a été répondu au commissaire que les

Récollets avaient évacué le couvent à 5 heures et demie, et que le P. Marie-Ephrem se trouvait seul, avec deux domestiques.

Le commissaire ayant voulu lire l'arrêté d'expulsion, le Père s'est refusé à l'entendre.

Le commissaire a dit qu'il en référerait à qui de droit et reviendrait dans quelques instants ou le lendemain.

Il sortit et reparut aussitôt, accompagné d'une personne que l'on suppose être un huissier.

Les personnes présentes ont pensé que le Père ne pouvait se refuser à entendre la lecture de l'arrêté d'expulsion.

Le commissaire fit cette lecture.

On se rend ensuite à la chapelle, que le commissaire fait évacuer, pendant que le Père se revêt d'un surplis afin d'emporter le Très Saint-Sacrement.

Tous les fidèles se sont agenouillés; un cierge à la main, ils ont accompagné le Très Saint-Sacrement à la sacristie en récitant le *Miserere* et le *Parce Domine.*

Les scellés ont été alors apposés.

A la sortie du commissaire et de son acolyte, le P. Marie-Ephrem a dit : « Après l'action sacrilège que vous venez de commettre, vous n'avez qu'à demander pardon à Dieu. Pour moi, dans mes prières, me souvenant des paroles de saint Jean : *Pardonnons à nos ennemis tout le mal qu'il nous font*, je me souviendrai de vous. »

Le commissaire et son compagnon ont exprimé le regret d'avoir dû agir ainsi.

Contre la garde des scellés, le Religieux a protesté. Il lui a été répondu que ce point ne l'obligeait en rien, que c'était une formalité qu'on avait dû accomplir.

Enfin, il a été notifié au Père que s'il sortait en habit religieux, il serait appréhendé au corps.

La sainte communion avait été donnée à la nombreuse assistance qui assistait à la messe de 5 heures, et toutes les demi-heures, jusqu'à l'arrivée du commissaire.

Roubaix, 6 novembre.

C'est le samedi 6 novembre que les Pères Récollets de Roubaix ont été chassés de leur couvent. Ceux qui, parmi eux, étaient de nationalité belge ont été sommés de quitter le territoire; la gendarmerie les a conduits à la frontière. Il faudrait retracer les scènes qui se sont produites sur tous les points de la France. Les portes enfoncées, les Religieux protestant contre la violence qui leur était faite, leurs amis affirmant leur droit de rester dans les cellules et mis dehors par la force. Quelques incidents doivent être cependant notés : ce sont d'abord les protestations du R. P. Romain, mandataire des propriétaires, et du R. P. Herman, Supérieur.

Puis lorsque les Religieux ont été chassés de leurs cellules, ils se sont réunis, et le R. P. Gardien a donné à tous les assistants la bénédiction.

Parmi les agents restés debout, plusieurs ne pouvaient se défendre de faire le signe de la croix.

PÈRES CONVENTUELS DE PARIS

5 Novembre.

A 5 heures 1/2 du matin les Frères Mineurs Conventuels, établis rue de Romainville 23, ont été sommés d'ouvrir leurs portes au commissaire de police. Sur leur refus, les portes ont été enfoncées par une escouade de pompiers. Un grand nombre de catholiques accourus en ce moment ont protesté par les cris répétés de : *Vive la liberté! A bas les décrets!* La foule s'est agenouillée quand le Père Supérieur, cédant à la violence, a franchi le seuil du couvent. Des citoyens honorables du quartier se sont empressés d'offrir leurs bras aux Pères expulsés, qui se sont rendus à l'église de Belleville accompagnés par une foule sympathique. Un grand nombre d'ouvriers qui se rendaient à leur travail ont salué avec respect les Religieux.

COUVENTS DES PÈRES CAPUCINS

Sur l'expulsion des Pères Capucins, nous empruntons aux *Annales franciscaines* les pages suivantes, qui résument fort bien cet acte d'iniquité :

« Un désastre que nous attendions depuis longtemps déjà est venu fondre sur nos couvents et les a écrasés tous. Après de longs et pénibles efforts, l'Ordre des Frères Mineurs Capucins comptait en France cinq provinces florissantes et quarante-trois couvents peuplés de huit cents religieux environ. Aujourd'hui tout cela est en ruines. Les religieux sont dispersés ; les Novices et les Etudiants sont allés chercher à l'étranger la tranquillité nécessaire à leur formation religieuse et à leurs études ; les couvents sont désolés, à peine habités par quelques Pères ; les églises sont fermées, la prière du jour et de la nuit y a cessé ; on peut dire que la ruine est complète. L'esprit, pour exprimer ce malheur, se reporte d'instinct aux plaintes du prophète Jérémie sur la destruction de Jérusalem et du Temple.

» Les journaux ont porté jusque dans les hameaux les plus reculés le navrant récit des scènes de désolation qui ont marqué ces expulsions brutales. Jamais à aucune époque de notre histoire nous n'avions vu de semblables violences.

» Sans doute, les guerres de religion avaient dévasté beaucoup de nos maisons, mais, outre que ces ravages n'étaient que locaux, l'ardeur des passions surexcitées par une lutte sanglante expliquait, si elle ne les excusait pas, une partie des excès commis par les troupes huguenotes.

» Sans doute la Révolution française avait fermé nos couvents; mais la France était alors dans un moment d'ivresse, elle voulait faire un pays nouveau et renversait pour cela toutes les institutions anciennes. D'ailleurs, si elle arriva aux plus grands excès, comme nous le savons, elle procéda avec une certaine lenteur, et, dans le principe du moins, elle employa rarement la violence.

» Sans doute encore l'Italie a confisqué les biens des Religieux et dispersé nos communautés, et cependant, malgré ces rigueurs, nos Religieux sont plus libres en Italie que nous ne l'étions en France, il y a encore un an.

» Mais on n'avait jamais vu jusqu'ici un gouvernement régulier, passant par-dessus les lois et les droits du citoyen, employer des moyens plus odieux pour perpétrer une plus criante injustice.

» Nous ne pouvons pas retracer ici toutes les scènes dont nos maisons ont été le théâtre. A Marseille, après un siège de plusieurs jours, le couvent est envahi, les Religieux brutalement chassés, les hommes les plus justement honorés de la ville arrêtés et conduits en prison les fers aux mains.

» A Lyon, on lance contre les Religieux une multitude avinée, payée pour l'insulte.

» A Nantes, après dix heures d'efforts, la force armée ne peut pénétrer dans le cloître qu'avec la pioche du démolisseur.

» A Paris, le T. R. P. Arsène, Provincial, pour avoir signifié au commissaire qui avait enfoncé les portes à coups de hache, l'excommunication qu'il avait encourue par son attentat contre le couvent et celle qu'il encourrait en violentant les religieux, est arrêté, conduit en prison avec plus de trente compagnons, puis mis dans une voiture cellulaire et écroué au dépôt de la Préfecture de police comme un malfaiteur.

» Dans plusieurs de nos couvents, les Évêques accourus à notre défense ont été outragés, malgré leur dignité, et expulsés comme nous, malgré leurs énergiques protestations.

» Presque partout les églises ont été profanées. A Paris, bien que le Saint-Sacrement fût exposé, comme tous les vendredis, les agents arrachent de l'église et détachent de la grille du sanctuaire les femmes chrétiennes qui s'y cramponnaient avec énergie. A Versailles, on lance sur les dames des meilleures familles de la ville, réunies pour prier pour nous avec le curé de la cathédrale et quelques ecclésiastiques, une soldatesque sans frein, qui renouvelle les brutalités dont l'histoire des sièges anciens nous a gardé le souvenir.

» Mais enfin partout la force reste maîtresse et elle opprime le droit le plus sacré des consciences chrétiennes. Les âmes qui avaient cherché dans le cloître un refuge contre les dangers du monde sont rejetées au milieu du siècle ; les âmes avides de solitude et de silence, amies des saintes méditations et des études sérieuses sont bannies de leurs tranquilles abris. Tous les Religieux sont dispersés par le monde. La Religion franciscaine est condamnée à disparaître de la France. Si Dieu ne lui vient en aide, combien, après quelques années, restera-t-il de Frères pour pleurer sur les ruines désolées de nos couvents ?

» Qui donc pourrait exprimer la douleur poignante qui étreint nos âmes, et les angoisses que nous inspire l'avenir qui nous attend ?

» Il ne faut pas néanmoins que le murmure gronde dans notre cœur et arrive à nos lèvres. Dieu est juste ! Dieu est puissant ! alors même qu'Il nous frappe plus durement. Dieu est miséricordieux et bon toujours ! Les épreuves qu'Il nous envoie ne sont pas pour notre mort. Il abat, mais après Il relève, et Il mêle aux deuils les consolations et l'espérance !

» Les consolations ne nous ont manqué nulle part. Jamais nous ne pourrons oublier ces hommes de cœur et de foi, qui ont passé avec nous tant de longs jours et d'interminables nuits d'anxiété et de tristesse. La veille nous les connaissions à peine ; entre nous désormais c'est un lien qui durera autant que la vie. Où que la persécution nous envoye, le souvenir rafraîchissant de cette générosité si dévouée et si oublieuse d'elle-même nous accompagnera toujours.

» Nous nous souviendrons également de ces femmes énergiques et pieuses, qui ont veillé pendant plusieurs semaines à la porte de nos églises menacées, malgré le froid et la pluie, malgré les railleries et les outrages des méchants, mêlant à leurs longues prières le chant des cantiques sacrés, et ne s'éloignant le soir qu'en se donnant rendez-vous pour le lendemain avant l'aube.

» Les populations, malgré les excitations de la mauvaise presse, se sont montrées sympathiques et bienveillantes. Elles ont acclamé nos Religieux quand les soldats et les agents les jetaient sur le seuil profané de nos monastères.

» Dans beaucoup d'endroits, elles les accompagnaient jusqu'à l'église et chantaient avec eux les psaumes du repentir et les hymnes du triomphe.

A Paris même, l'immense église de Saint-Sulpice s'emplissait d'un auditoire accouru de partout pour entendre la parole du T. R. P. Arsène, sorti provisoirement de sa prison. Pas un cœur ne restait insensible et les larmes coulaient de tous les yeux pendant ce discours émouvant. Le prédicateur était obligé d'imposer silence aux manifestations de la foule et de se dérober à son empressement.

» Nos douleurs ne sont donc pas sans quelques consolations. Elles ne sont pas même sans espérances. On a souvent demandé quelle place les Religieux occupaient dans la société française. Désormais on peut répondre à cette question. A l'émoi produit par leur chute, à la douleur qu'a causée leur désastre, on a compris qu'ils étaient aimés, grands dans l'estime publique. Ils sont tombés sons les coups des impies, mais ils n'ont pas disparu pour cela. Les fidèles leur ont préparé d'honorables asiles et pourvoient à tous leurs besoins. Dispersés par le monde, ils continueront leur ministère apostolique et ils ont la confiance que leur parole sera encore mieux accueillie que par le passé. La persécution leur donnera une puissance de persuasion toute nouvelle et un prestige inconnu jusqu'à présent.

» Viennent des temps meilleurs, et ces temps arriveront assurément pour la France, les lambeaux disjoints de nos communautés se réuniront ; nous reprendrons possession de nos couvents restaurés, nous purifierons nos églises souillées ; ceux que l'exil nous enlève aujourd'hui, il nous les rendra fortifiés par l'épreuve et mûris par l'infortune, et notre Ordre pourra, même en France, redire la parole du Psalmiste : *Non moriar, sed vivam et narrabo opera Domini.* Non, je ne mourrai pas, mais je vivrai pour chanter les œuvres du Seigneur. »

(*Annales franciscaines*, n° de décembre)

ÉPILOGUE

Je vois le pays divisé en deux camps au sujet de la question qui nous occupe.

Deux sortes d'hommes fixent l'attention et entraînent tout après eux.

Ce sont les agents du gouvernement, — et les Religieux.

Les exécuteurs : la plupart tremblaient devant des hommes désarmés dont ils n'avaient rien à craindre, ils le savaient bien; on voyait en eux une anxiété inconcevable. Ces fonctionnaires habitués à rester impassibles devant le scélérat décidé à se défendre jusqu'à la mort, ont eu peur devant nous ; ils étaient pâles et blêmes. Des agents pleuraient ou se montraient mornes et tristes.

Les hommes qu'ils avaient pour les applaudir, c'étaient ceux que pour rien au monde, ils ne voudraient fréquenter. Jamais, par exemple, on ne verra M. Brissaud, faire sa compagnie des voyous débraillés qui insultaient. Plusieurs d'entre eux n'avaient-ils pas déjà été appréhendés par quelque commissaire ?

Les Religieux : ils ont été calmes et dignes. La plupart du temps, les commissaires ont refusé d'entendre leurs justes revendications. La conscience ne supportait pas ce coup de massue porté à l'intime de l'âme, et retentissant dans leur conscience plus que les coups de marteau des crocheteurs.

Nos amis : je garantis que MM. les commissaires s'honoreraient d'en faire leur société, s'ils n'avaient pas peur de compromettre leur place ou si le régime actuel était changé.

Le plus illustre de ces amis, nous nous en glorifions ! c'est sans contredit, le souverain Pontife, dont les encouragements et les conseils nous ont soutenus; dont la protection est pour nous un gage de vie : « Partout où l'Eglise catholique est libre, dit-il, spontanément fleurissent les Ordres Religieux, comme les branches naissent d'une souche féconde. Ces troupes auxiliaires sont plus que jamais nécessaires ; les Evêques savent utiliser leur habileté, *solertiam et industriam*, dans l'exercice du saint ministère et dans les œuvres de charité pour le soulagement de l'humanité. Les Ordres Religieux ne sont incompatibles avec aucune forme de gouvernement... Ces hommes illustres, *eximios*, que l'on veut chasser, c'est l'Eglise qui les a produits, qui les a élevés avec une sollicitude maternelle pour montrer l'éclat des vertus, pour l'honneur de l'humanité : *ad decus omne virtutis et humanitatis*. La société civile leur doit d'exciter le peuple au bien par la sainteté de leur vie ; de consacrer leur science, *doctrinæ copia*, au développement des connaissances divines et humaines ; d'enrichir les arts par les productions de leur génie, dont les fruits resteront. Il n'y a pas une misère qu'ils ne tâchent d'adoucir; ils ont préparé un remède à toutes les infortunes. Partout ils montrent une suavité, une indulgence qui ne peut venir que de la divine charité. Parmi les apôtres de la bonne nouvelle, les Religieux français sont les plus nombreux ; au prix de grands travaux, ils répandent au loin, avec l'Evangile, le nom et la gloire de la France (1). »

Aussi le S. Père adressait ses plaintes au gouvernement français après l'expulsion des jésuites, et en voyant leur inefficacité, « il avait résolu (2), dit-il, comme c'était son droit et son devoir, d'élever la voix apostolique contre ce qui avait été fait au détriment des Ordres Religieux, et contre ce qui devait encore se commettre, » si le Gouvernement lui-même n'était venu empêcher cet éclat, en proposant la signature de la fameuse Déclaration.

Puis, ayant appris les amères et tristes nouvelles de la dispersion, qui est un commencement de mort pour les Ordres Religieux, le Père généreux et compatissant, ressent une profonde angoisse à la vue des nouveaux malheurs qui pèsent sur la France et déplore l'injure faite à l'Eglise.

« La guerre, ajoute-t-il, sévit déjà d'une manière atroce, et des luttes plus dures encore dans un avenir très prochain, paraissent à l'horizon *cum sæviat atrociter bellum, et acriora haud procul sint e conspectu certamina ;* notre devoir est de conserver partout les institutions de l'Eglise et de protéger avec une invincible persévérance et un courage à la hauteur de la situation, tous les droits qui ont été confiés à notre garde. »

Nos amis : ce sont les Evêques : « Tous les Evêques, dit encore le souverain Pontife, n'ont eu qu'une seule voix pour flétrir les funestes Décrets. Tous ont le mérite d'avoir su allier la force à la modération dans la défense publique des Ordres Religieux. Ils ont compris qu'ils remplissaient ainsi un devoir de justice et une véritable obligation : *officio justo atque debito ;* car ils sentaient que les maux qui menaçaient, n'étaient pas seulement le deuil de l'Eglise, mais une dure et triste calamité pour la France (3). »

(1) Lettre de S. S. Léon XIII au Cardinal-archevêque de Paris, 23 octobre 1880.

(2) Lettre de S. S. Léon XIII au Cardinal-archevêque de Paris, 23 octobre 1880.

(3) *Ibid.*

Ce sont les Evêques qui nous ont témoigné tant de sympathie après l'expulsion quand ils n'ont pu être avec nous pour nous défendre de leur personne. L'un d'eux, l'Illustre et Eminent Cardinal de Paris, a voulu résumer les témoignages de l'affection de tous, en disant dans sa lettre, si touchante et si paternelle, aux Religieux de Paris : « Plus que tout autre Evêque, dans cette immense capitale, j'avais besoin du concours de votre zèle, de votre science, de vos talents. La vive peine que m'inspirent vos malheurs, à cause de l'affection que je sens pour vos personnes, s'accroît encore par la pensée du dommage qu'éprouvent tant d'âmes confiées à mes soins que vous conduisiez dans les voies de la vertu et de la piété chrétiennes. »

Nos amis : ce sont nos frères du clergé séculier qui nous témoignent leur bienveillance ; partout, aussi bien qu'à Paris, chaque Evêque pourrait dire ce que nous dit le vénéré Cardinal : « En vous donnant ces marques de ma confiance et de mon affection, je vais au-devant des vœux du clergé du diocèse de Paris. Tous nos prêtres, je le sais, vous entourent en ce moment de leurs sympathies fraternelles. »

A l'exemple de leurs pasteurs, les fidèles ont été *fidèles*, ils ont été admirables.

Nos amis; mais comment les compter? Comment les apprécier? Ce qu'il y a eu d'admirable, c'est l'empressement dans chaque localité, des plus notables personnages à venir nous servir de défenseurs et de témoins. Des Evêques, des Sénateurs, des Députés, des hommes honorables, habitués à trouver chez eux tout le confortable de la vie, se sont arrachés à leurs habitudes, sont venus avec nous passer les jours et les nuits, prenant le maigre repas des religieux, couchant sur la dure, s'estimant heureux de toutes les fatigues.

Et ces Messieurs étaient en grand nombre, du plus haut rang; ils sont restés longtemps, et plusieurs ont estimé un honneur de se faire arrêter pour nous défendre.

Combien d'autres, ne pouvant trouver place au milieu de nous ou empêchés par leurs occupations, venaient nous témoigner leur regret de se voir éloignés, leur désir sincère d'être prévenus du moment de l'expulsion.

Après l'expulsion, on nous a offert de nombreuses, de trop aimables hospitalités. Et nos Religieux sont encore chez des amis qui les recueillent, et s'estiment honorés d'accueillir des proscrits qu'ils regardent comme la bénédiction de leur famille.

Partout nous avons dû refuser plusieurs asiles généreusement offerts, parce que nous n'étions pas assez nombreux pour répondre à toutes les demandes.

Puis sont venues les autres sympathies, les marques d'intérêt, les subventions. Merci à nos généreux bienfaiteurs.

Oh ! quel spectacle que celui-là ! Est-ce en plein XIXe siècle qu'on peut voir en France des contrastes pareils ?

On voit bien par là que les cléricaux font le plus grand mal à la religion, et que Gambetta et ses ministres ont eu raison de l'étayer et de la soutenir, en l'épurant !

Hélas ! Tout n'est pas fini.

Nous voyons désormais deux langues en France ; on ne s'entend plus.

Nous avons le vieux langage, et le langage nouveau.

En effet, nous avons la *Révolution*. Ce mot, qui vient du latin *revolvere*, *retourner*, montre que chez nous tout est retourné : ce qui s'appelait le bien, est maintenant le mal ; ce qui méritait des éloges est devenu un crime.

Tout n'est pas encore retourné. Mais il arrivera sans doute bientôt le temps où la Révolution sera complète, et où tout le monde dira avec Proud'hon : « La propriété c'est le vol. »

Quoi donc d'étonnant que les révolutionnaires du Gouvernement aient leurs amis (quels amis !), qui les applaudissent, et que nous ayons les nôtres qui nous font ovation ?

Ces amis, oh ! nous sommes fiers de leur appui, de leur approbation, de leur concours. Ces amis, qu'ils reçoivent tous nos remerciements ! Nous voudrions pouvoir tous les nommer ; mais c'est impossible. Qu'ils nous pardonnent.

Mais nos cœurs et nos prières n'oublient personne, et Dieu a inscrit tous les mérites. C'est lui surtout que nous chargeons de notre reconnaissance.

Ces chers amis, ils sont inquiets de nous et de nos œuvres.

Pour les Religieux, ils sont dispersés : les uns habitent la terre hospitalière d'Angleterre, de Hollande et d'Espagne ; les autres demeurent en France, mais en dehors de leurs couvents.

Cette situation anormale qui leur enlève les douces joies de la vie commune, crée à leurs Supérieurs de nouvelles sollicitudes au point de vue spirituel comme aussi au point de vue matériel. Cette double nécessité nous la recommandons à la charité de nos lecteurs. Qu'ils nous continuent le concours de leurs prières, et qu'ils n'oublient pas non plus que l'enfant du pauvre d'Assise n'a d'autres ressources que l'aumône spontanément offerte.

Tout envoi peut être adressé à M. l'abbé Delarbre, 83, rue des Fourneaux, Paris-Vaugirard.

Quant aux œuvres, beaucoup sont interrompues, mais l'œuvre de Dieu se fait. Elle n'est jamais bien féconde que par le sacrifice; et pour l'Eglise, le triomphe a toujours suivi de près la persécution ; de même que la mort de Jésus-Christ n'a précédé que de trois jours la Résurrection.

La *Résurrection!* N'est-ce pas une dérision en ce triste moment? Non certes : car c'est une loi générale de la nature que la vie sort de la mort.

Notre mort comme société religieuse est elle-même le point de départ et le gage de notre résurrection sociale. — Comment cela ? dites-vous.

Parce que ces amis nous ne les perdrons pas. Avant les Décrets, beaucoup n'étaient pas connus de nous ou ne se connaissaient pas entre eux. Aujourd'hui, nous sommes liés d'une manière indissoluble, et nous sommes devenus pour eux le lien d'une union fraternelle et catholique qui ne se brisera pas.

C'est par l'union que les ennemis de la foi ont triomphé momentanément. Mais si l'union du mal est si forte pour dissoudre, que sera-ce de l'union du bien pour consolider ?

Chers amis, merci! Soyons unis toujours et nous vaincrons l'enfer.

Un Expulsé.

IMPRIMATUR :

Fr. Raphael,
Min. Prov.

TABLE

Avant-propos : La persécution. 5

LES FRANCISCAINS DE L'OBSERVANCE. — PROVINCE DE SAINT-LOUIS

Béziers. — Troubles du 30 juin 10
— Le samedi, 16 octobre 14
Amiens. — Mercredi, 3 novembre 21
Bordeaux. — Mercredi, 3 novembre. 46
Bourges. — Jeudi, 4 novembre 59
Paris. — Vendredi, 5 novembre 66
Limoges. — Vendredi, 5 novembre. 84
Pau. — Samedi, 6 novembre 107
Saint-Palais. — Samedi, 6 novembre. 120
Brive. — Mardi, 9 novembre 127

APPENDICE

LES PP. RÉCOLLETS

Épinal. — 6 octobre. 138

PROVINCE DE SAINT-BERNARDIN

Rennes. — 29 octobre. 139
Avignon. — 29 octobre 140
Nîmes. — 30 octobre 140
Mâcon. — 3 novembre. 141
Saint-Nazaire, 3 novembre. 141
Bourg-St-Andeol. — 5 novembre. 142
Caen. — 9 novembre. 143

PROVINCE DE SAINT-JOSEPH DE BELGIQUE

Pères Récollets de Lille. — 6 novembre 143
Roubaix. — 6 novembre. 144

LES PÈRES CONVENTUELS

Paris, 5 novembre 145

LES PÈRES CAPUCINS

Couvents des Pères Capucins. 145

ÉPILOGUE. 149

F, Au.eau. — Imprimerie de Lagny.

COLLECTION RECOMMANDÉE

POUR

bliothèques paroissiales, distributions de prix et lectures de famille

ous les ouvrages qui composent la collection de la LIBRAIRIE SAINT-JOSEPH, vent être mis sans crainte entre toutes les mains; ils sont non-seulement rochables, mais encore intéressants, instructifs et écrits avec un soin parier. Ces diverses qualités, jointes à un bon marché excessif, les font recher- d'une manière toute particulière.

nière et dernière Dette, par Mme GABRIELLE D'ARVOR. 1 vol. in-12. x : 1 fr. 50, *franco*. 1 75

S-Léger, ou Aventures d'un jeune Montagnard, par Mme GABRIELLE ARVOR. 1 vol. in-12. Prix : 1 fr. 50, *franco*. 1 75

andono, ou les premiers chrétiens au Japon, par Mme G. D'ARVOR. 1 vol. 12. Prix : 1 fr. 50, *franco*. 1 75

ah, ou la Suivante de la Marquise, épisode du temps de la Ligue, par ROBERT MONTFOURNIER. 1 vol. in-12. Prix : 1 fr. 50, *franco*. 1 75

ise et Hélène, ou les Fruits de l'éducation chrétienne, par Mme GABRIELLE ARVOR. 1 vol. in-12. Prix 1 fr. 50, *franco*. 1 75

the, ou la fille du Banquier, par Mme G. D'ARVOR. 1 vol. in-12. Prix : 1 fr. 25, *nco*. 1 50

élie, ou Dieu fait bien toute chose, par Mme G. D'ARVOR. 1 vol. in-12. Prix : fr. 25, *franco*. 1 50

crius, ou les Martyrs d'Agen, IVe siècle, par Camille D'ARVOR. 1 vol. in-12. ix : 1 fr. 50, *franco* 1 75

by, ou les Massacres de Septembre, par F.-A. de BOAÇA, 1 beau vol. in-12. ix : 2 fr., *franco*. 2 50

ry et Mi-Ka, Histoire de deux membres de l'Œuvre de la Sainte-Enfance, r MICHEL AUVRAY. 1 beau vol. in-12. Prix : 1 fr. 25, *franco* 1 50

ar Mirane, Épisode des Massacres de Syrie, par MICHEL AUVRAY. 1 beau l. in-12. Prix : 1 fr. 25, *franco*. 1 50

Vacances de Madeleine, par MICHEL AUVRAY, 1 beau vol. in-12. Prix : fr. 25, *franco*. 1 50

red de Kerjean, par Camille D'ARVOR, 1 beau vol. in-12. Prix. 1 50
anco. 1 75

nès l'Aveugle, Épisode des Persécutions d'Irlande, traduction libre de l'anais de miss CADDELL, par une Religieuse des SS. CC. de Jésus et de Marie. uitième édition. 1 beau vol. in-12. Prix : 1 fr., *franco* 1 25

overbes et Charades, à l'usage des Maisons d'éducation, par Mme la comsse DROHOJOWSKA. 1 beau vol. in-12. Prix, *franco*. . . . . 3 »

oine de Ségur, en Religion Sœur Jeanne-Françoise, par M. le marquis DE ÉGUR, Conseiller d'Etat, quatorzième édition. In-12. Prix : 2 fr., *franco* 2 50

stoire de Saint François de Sales, par M. le Marquis DE SÉGUR, Conseiller Etat. 1 vol. in-12, édit. elzévirienne, 15e édit. Prix : 2 fr., *franco*. 2 50

Maison, Stances et Sonnets, par le même, nouvelle édition augmentée. beau vol. in-12, édition de luxe. Prix : 2 fr., *franco*. 2 50

rsum Corda ! poésies, par le même, 2e édition, 1 beau vol. in-12, édition de ixe. Prix : 2 fr., *franco* 2 50

uvre Claude, par Mme G. D'ARVOR, 1 beau vol. in-12. Prix : 1 fr. 50; *franco*. 1 75

Mère, souvenir de sa vie et de sa sainte mort, par Mgr DE SÉGUR. 1 beau olume in-12 avec les portraits photographiés de Mgr DE SÉGUR et de SA MÈRE. rix : 2 fr. *franco* 2 50
même, sans les portraits. Prix : 1 fr. 50, *franco*. . . . . 2 »

L'Eglise et l'Europe étaient en proie à mille déchirements. Depuis le commencement du siècle, les Papes ne résidaient plus à Rome, mais à Avignon. De là, des rivalités de peuples à peuples, des querelles, des secousses quasi mortelles qui exposaient l'Eglise et le Saint-Siège aux plus graves dangers. C'étaient les préludes de la grande apostasie sociale dont nous sommes aujourd'hui les témoins et qui, selon toute apparence, prépare de loin l'avènement de l'Antechrist.

Sainte Brigitte, comme peu d'années après, sainte Catherine de Sienne, fut suscitée de Dieu pour travailler au retour de la Papauté à Rome. A ce point de vue, comme à tous les autres du reste, sa vie est d'un intérêt palpitant. Quelle chose étrange, en effet, étrange et touchante à la fois, de voir une riche et belle princesse, d'abord mariée et mère de famille, morte au monde comme la plus austère des Religieuses cloîtrées, arrachée à ses aspirations de solitude et de silence par la volonté souveraine de Notre-Seigneur, obligée de quitter sa patrie, la Suède, de traverser toute l'Europe, exposée à tous les dangers, menant aux yeux des hommes une vie incompréhensible, entreprenant des projets gigantesques, reprenant, par l'ordre de Dieu, et les Papes, et les rois et les peuples, et guidée pas à pas jusque dans les moindres détails par la Très-Sainte-Vierge, qui l'avait choisie pour sa fille de prédilection, qui s'entretenait familièrement et fréquemment avec elle, lui donnant ses ordres, lui confiant les missions les plus délicates et les plus graves, l'envoyant à Rome et l'y employant à l'œuvre la plus grande, la plus difficile de ce siècle, le retour du Pape dans la Ville sainte! Que l'on joigne à cela une série presque non interrompue de révélations admirables que Notre-Seigneur lui ordonnait de consigner par écrit, des tribulations comme il s'en rencontre peu même dans la vie des Saints, la pratique des vertus les plus héroïques et les plus nécessaires à proposer aux générations présentes, et l'on aura un ensemble de la vie de cette Sainte extrordinaire qui, sous bien des rapports, ne ressemble à aucune autre. Les détails de la vie de Sainte Brigitte ont en outre un caractère d'authenticité incontestable; ils ont été recueillis par les personnes qui l'accompagnaient toujours, entre autres par un vénérable et docte Religieux que Dieu lui-même avait préposé à la conduite spirituelle de sa grande et admirable servante, et qui fut également chargé de traduire, au fur et à mesure, en latin, ces fameuses révélations qui ont rendu le nom de sainte Brigitte si célèbre dans toute l'Eglise.

Ce qui ajoute encore à l'intérêt de la vie de Sainte Brigitte, c'est que les détails en sont peu connus, fort instructifs, on ne peut plus édifiants, et mêlés à toutes les grandes questions qui agitèrent la France et l'Europe au moyen âge. Dans un temps comme le nôtre, où l'on connaît si imparfaitement les choses spirituelles, les quelques extraits des belles révélations qui sont ici offertes au lecteur, leur donneront des notions du plus haut intérêt sur les mystères de Notre-Seigneur et de sa très-sainte Mère.

A tous ces titre, j'ose appeler l'attention du public éclairé et pieux sur cette vie de Sainte Brigitte et sur les révélations qui s'y mêlent au récit des événements, comme de riches broderies d'or dans un beau tissu de soie.

L'orthodoxie de ces révélations a été solennellement reconnue par le Concile de Bâle dans une de ses sessions œcuméniques, et, bien qu'elles n'exigent pas de notre part un acte de foi proprement dite, elles n'en sont pas moins d'une grande valeur, selon le témoignage du savant Pape Benoît XIV.

† L.-G. DE SÉGUR

Chanoine-Évêque de Saint-Denis

MONSEIGNEUR DE LADOUE

EVÊQUE DE NEVERS

NOTICE BIOGRAPHIQUE

Par Mgr TOLRA DE BORDAS, Prélat de la maison de S. S. Léon XIII

Suivie du Résumé des CONFÉRENCES centrales de Nevers

SUR LE

LIBÉRALISME CATHOLIQUE

Un volume in-8°, très belle édition. — Prix *franco* : 3 francs.

L'épiscopat de Mgr de Ladoue, à Nevers, a été court, quatre ans à peine, mais dans ces quatre années quels travaux et quels fruits! C'est vraiment un beau spectacle que celui d'un véritable ouvrier de Dieu dans la vigne du père de famille.

On ne connaît pas Mgr de Ladoue, en si intimes relations qu'on ait été avec lui, on ne connaît par Mgr de Ladoue si on n'embrasse l'ensemble de son labeur épiscopal. Nous nous bornerons à signaler ici les conférences centrales, où l'évêque convoquait les membres de son clergé, et avait proposé à leurs études la principale erreur de notre temps : le libéralisme catholique.

Dans le mouvement rapide et extravagant où sont entraînées de nos jours presque toutes les choses humaines, les regards des hommes n'ont pu s'arrêter attentivement sur l'évêché de Nevers. Pie IX, en préconisant Mgr de Ladoue, avait prédit qu'il serait un bon évêque. La brochure de Mgr Tolra de Bordas démontre la justesse de la prophétie du souverain Pontife. Assurément les catholiques mêlés au conflit des discussions quotidiennes n'ont pas été émus des bruits qni se sont élévés autour d'un des derniers actes de Mgr de Ladoue; et les outrages prodigués à l'évêque de Nevers, accomplissant scrupuleusement un devoir et répandant la lumière qu'il devait faire briller aux yeux des hommes, ces ontrages n'ont pas modifié le jugement de tous ceux qui connaissaient le doux, pieux et sage évêque de Nevers; mais ces outrages ont été répétés avec un tel acharnement, ils ont été tellement multipliés par la presse, si souvent inepte quand elle n'est pas perverse, que beaucoup de gens simples et même de bonne volonté se sont fait de Mgr de Ladoue une idée particulière et saugrenue.

Il en conviendront si on peut faire parvenir jusqu'en leurs mains le portrait ressemblant et exact que donne du fin, aimable et dévoué prélat l'ouvrage que nous signalons à nos lecteurs.

PETIT MANUEL

A L'USAGE

DES FRÈRES ET DES SŒURS DU TIERS-ORDRE DE SAINT FRANÇOIS

Par le R. P. LÉON

Ex-Provincial

1 vol. in-32, relié. — Prix *franco* : 1 fr. 25

Ce volume ne se vend pas broché, ni autrement relié.

F. Aureau. — Imprimerie de Lagny.

www.ingramcontent.com/pod-product-compliance
Ingram Content Group UK Ltd.
Pitfield, Milton Keynes, MK11 3LW, UK
UKHW021047230726
13926UKWH00004B/1698